insel taschenbuch 4295

Stefan Bollmann

Frauen, die schreiben, leben gefährlich

Erste Auflage 2014
insel taschenbuch 4295
Insel Verlag Berlin 2014

Vertrieb durch den Suhrkamp Taschenbuch Verlag

Umschlag, Innenseiten und Satz:
Pauline Schimmelpenninck Büro für Gestaltung, Berlin
Druck: *CPI – Ebner & Spiegel, Ulm*

Printed in Germany ISBN 978-3-458-35995-1

Stefan Bollmann

Frauen, die schreiben, leben gefährlich

Mit einem Vorwort von

Elke Heidenreich

Insel Verlag

Inhalt

Emily Jane Brontë. Transcribed February 1844

Gondal Poems

A.G.A. March 6th 1837

There shines the moon, at noon of night—
Vision of Glory—Dream of light!
Holy as heaven—undimmed and pure,
Looking down on the lonely moor—
And lonelier still beneath her ray
That drear moor stretches far away
Till it seems strange that aught can lie
Beyond its zone of silver sky—

Bright moon—dear moon! when years have past
My weary feet return at last—
And still upon Lake Elnor's breast
Thy solemn rays serenely rest
And still the Fern-leaves sighing wave
Like mourners over Elbë's grave
And Earth's the same but Oh to see
How wildly Time has altered me!
Am I the being who long ago
Sat watching by that water side
The light of life expiring slow
From his fair cheek and brow of pride?
Not oft these mountains feel the shine
Of such a day—as fading then,
Cast from its fount of gold divine
A last smile on the heathery plain
And kissed the far-off peaks of snow
That gleaming on the horizon shone
As if in summer's warmest glow
Stern winter claimed a loftier throne—
And there he lay among the bloom
His red blood dyed a deeper hue
Shuddering to feel the ghostly gloom
That coming Death around him threw—

Elke Heidenreich

Frauen, die schreiben, leben gefährlich

Wir geistigen Frauen enden als Verliererinnen in Liebesgeschäften«, schreibt die argentinische Lyrikerin Alfonsina Storni, ehe sie sich – mit 46 Jahren – ins Meer stürzt. Auch die früheste aller Dichterinnen, Sappho, soll ihr Leben durch Selbstmord im Meer beendet haben. Sie war sich ganz sicher, dass Frauen genauso schreiben können wie die Männer, und hinterließ Verse wie diesen: »Sich erinnern an uns/wird, wie ich mein',/mancher in späterer Zeit.«

Für Ingeborg Bachmann war das Schreiben die schmerzlichste aller »Todesarten«; die Gedichte von Sylvia Plath und Anne Sexton entstanden aus den Beschädigungen, die ihnen die Realitäten der 50er und 60er Jahre in Amerika (die Mütter! die Männer!) zugefügt hatten. Beide starben durch Selbstmord – Sylvia Plath steckte, 30-jährig, den Kopf in den Gasofen, vorher schnitt sie sich zur Vorsicht auch noch die Pulsadern auf. In ihrem Gedicht *Lady Lazarus* hatte sie ein Jahr zuvor geschrieben:

»Sterben ist eine Kunst, wie alles.
Ich kann es besonders schön.
Ich kann es so, dass es die Hölle ist, es zu sehn.
Ich kann es so, dass man wirklich fühlt,
es ist echt.
Sie können, glaube ich, sagen,
ich bin berufen zu diesem Ziele.«

Anne Sexton machte ihren ersten Selbstmordversuch mit 29, es folgten viele weitere Versuche und Jahre der Therapie, in denen sie vom Selbstmord sprach und ihn »den Ausweg für Frauen« nannte. Mit 45 Jahren zog sie den Pelzmantel ihrer Mutter an, trank ein Glas Wodka, ging in die Garage und vergiftete sich mit Autoabgasen. »Wenn der Tod einen nimmt und durch die Mangel dreht, ist es ein Mann. Aber wenn man sich selbst umbringt, ist es eine Frau«, schrieb sie.

Die romantische Dichterin Karoline von Günderrode veröffentlichte ihre Lyrik zunächst unter dem Männernamen Tian, verzweifelte dann an der Unmöglichkeit, als Frau ein freies, kreatives, künstlerisches Leben zu führen und stach sich 1806 einen Dolch ins Herz – sie war 26 Jahre alt. Carson McCullers' großer Roman *Das Herz ist ein einsamer Jäger* erschien 1940, sie hatte ihn mit nur 23 Jahren geschrieben. Der Erfolg ruinierte ihre Ehe mit einem erfolglosen Schriftsteller, Schlaganfälle und ein rastloses Leben ruinierten ihre Gesundheit – sie wurde keine 50 Jahre alt. Virginia Woolf steckte sich Steine in die Jackentaschen und ertränkte sich, gerade 59, in einem Fluss – sie hielt den Wahnsinn des Schreibens nicht mehr aus.

Die Reihe ließe sich noch lange fortführen. »Frauen schreiben nicht, und wenn sie schreiben, bringen sie sich um«, zitiert die uruguayische Lyrikerin Cristina Peri Rossi ihren Onkel, sie tut das in einem Nachruf auf ihre argentinische Kollegin Marta Lynch, die sich 1985 erschossen hatte.

Was geschieht hier? Warum verzweifeln gerade die klügsten, die schöpferischsten, die begabtesten Frauen so sehr am Leben, dass sie es nicht mehr aushalten können? Das, was Männer beflügelt, zerstört offenbar Frauen: die Gleichzeitigkeit, eine Liebe zu leben und sich künstlerisch zu etablieren. Dazu kommt etwas ganz Einfaches, etwas ganz und gar Unerträgliches: Frauen regeln den Alltag von Männern, damit diese schreiben (oder was auch immer tun) können. Wer regelt eigentlich den Alltag von Frauen? Frauen werden gern als die Musen der Männer bezeichnet. Wer und wo sind denn aber die Musen der Frauen? Die Frau muss sich selbst Muse sein. Virginia Woolf stellte sich einfach vor, dass Shakespeare eine begabte Schwester hatte, Judith, die man natürlich nicht zur Schule schickte, nichts lernen ließ, die ans Theater floh, wo sich ein Schauspieldirektor ihrer annahm. Schließlich kriegte sie zwar keine Rolle am Theater, aber ein Kind vom Agenten und »brachte sich an einem Winterabend um und liegt nun an einer Wegkreuzung begraben, wo jetzt die Omnibusse halten«. Und sie resümiert: »Ungefähr so würde die Geschichte laufen, glaube ich, wenn eine Frau in den Tagen Shakespeares den Genius von Shakespeare gehabt hätte.«

Diese erfundene Judith Shakespeare erklärt Virginia Woolf zu ihrer Muse. Ingeborg Bachmann spottete über Männer und Musen: »Ihr mit euren Musen und euren Tragtieren und euren gelehrten, verständigen Gefährtinnen, die ihr zum Reden zulasst!«

Nicht nur den schreibenden Frauen ging es so, nicht nur sie waren Tragtiere, nur als Gefährtinnen und Helferinnen

zugelassen, nicht aber als eigenständige Künstlerinnen. Der Maler Max Beckmann machte seiner Mathilde, die Geigerin war, zu Beginn der Ehe unmissverständlich klar:

»Wenn du Karriere machen willst mit der Geige, dann laß' ich dich frei. Aber wir können dann nicht zusammen leben. Entweder du wirst Geigerin, oder du bleibst bei mir. Beides geht nicht. Ich brauche dich ganz oder gar nicht.« Mathilde gab die Geige auf. Ich wüsste kein einziges Beispiel, wo eine Frau einem Mann zu Beginn der Ehe ein solches Opfer abforderte!

Frauen, die Künstlerinnen sind, möchten natürlich auch als Frauen wahrgenommen werden – sie möchten begehrt und geliebt werden, aber »... es ist sehr schwer, gleichzeitig zweierlei zu sein: erstens jemand, der nach seinen eigenen Gesetzen leben will, und zweitens jemand, der die netten al-

---

Virginia Woolf (1882–1941), *Fotografie um 1930*

ten Dinge behalten und geliebt und geborgen und beschützt sein möchte«, schrieb Zelda Fitzgerald, die genauso begabt, gescheit und sogar weit witziger gewesen sein soll als ihr Mann Scott Fitzgerald und die in Nervenheilanstalten endete.

Martin Luther hatte für alles eine Erklärung: Eva hat gesündigt, also muss die Frau ewig büßen und hat das Recht auf ein eigenständiges Leben für immer verwirkt. Ein Auszug aus seiner *Predigt vom Ehestand*, 1525:

»So soll des Weibes Wille, wie Gott saget, dem Manne unterworfen sein und der soll ihr Herr sein. Das ist: daß das Weib soll nicht ihres freien Willens leben, wie denn geschehen wäre, wo Eva nicht gesündiget, so hätte sie mit Adam, dem Mann zugleich regieret und geherrschet als sein Mitgehilfe. Jetzt aber, nun sie gesündiget und den Mann verführet, hat sie das Regiment verloren und muß ohne den Mann nichts anfangen oder tun. Wo der ist, muß sie mit und sich vor ihm ducken als vor ihrem Herrn, den sie soll fürchten, ihm untertan und gehorsam sein.«

Alfonsina Storni dichtete bitter:

»Jeder lebhafte Geist hat eine gebrochene Seele,
und der Mann sucht bei den Frauen ein wenig
Festtagsstimmung.
Die bescheidene Frau besorgt besser das Haus
und hat keine großen Phantasien.«

Es dauerte bis zur Französischen Revolution, bis endlich »l'homme« nicht mehr nur »Mann«, sondern »Mensch« bedeutete. Das heißt, die kühne Vision der Gleichberechtigung stand 1789 endlich am Himmel. Da ist sie auch weitgehend geblieben. Denn es sind immer noch meistens die Frauen, die den Alltag bewältigen, die Kinder großziehen, den Haushalt führen, und sie wollen natürlich als Frau auch noch gefallen und geliebt werden, und gleichzeitig wollen sie leidenschaftlich brennen für ihr Werk, intensiv leben für ihre Arbeit, und dass dieser ganze Wahnsinn nicht auszuhalten ist, dass diese zermürbenden Widersprüche zur Katastrophe führen müssen, das merken sie, wenn sie alt, einsam, verlassen, krank, drogensüchtig, Alkoholikerin, verrückt, weggesperrt, an den »Frösten der Freiheit« (Marieluise Fleißer) erfroren sind oder kurz vorm Selbstmord stehen: Else Lasker-Schüler, Mascha Kaléko, Irmgard Keun, Jane Bowles, Unica Zürn, Adelheid Duvanel, Marlen Haushofer, Dorothy Parker, Nelly Sachs, Katherine Mansfield, Annemarie Schwarzenbach – ach, es sind so viele.

»Wenn das Herz denken könnte, würde es stillstehen«, sagte der sanfte portugiesische Schriftsteller Fernando Pessoa. Es kann ja denken. Darum steht es ja still, wir sehen es an all diesen hochbegabten, an sich und der Welt verbrannten Frauen, die eigentlich nur das wollten, was die Männer seit Jahrtausenden tun: schöpferisch sein, kreativ sein, bei sich selbst sein.

Und doch, wie arm wären wir, hätten nicht all diese Frauen genau das versucht: einen solchen Spagat auszuhalten, trotzdem zu schreiben, Gedichte, Erzählungen, Romane von unbeschreiblicher Kraft und Intensität zu schaffen, die uns Nachkommende ermutigen, prägen und trösten! Nicht alle scheiterten ja, vielen gelang es, sich eine Existenz als Schriftstellerin aufzubauen, unter welchen Opfern auch immer.

Und sowohl in ihren Erfolgen als auch in ihrem Scheitern, in den vielen Selbstmorden, den Verzweiflungstaten, Krankheiten der schöpferischen Frauen liegt ja eine enorme Kraft, die uns beeindruckt. Diese Frauen haben Gedichte hinterlassen, an denen wir uns, wie es die polnische Lyrikerin und Nobelpreisträgerin Wisława Szymborska so wunderbar ausdrückt, festhalten »wie an einem rettenden Geländer«.

Den Frauen war der Konflikt ihres Lebens ja durchaus bewusst, es war ihnen klar, dass sie anders waren, und das Anderssein ist immer auch Stärke: »Ich habe keinen Sinn für weibliche Tugenden, für Weiberglückseligkeit«, schrieb die Günderrode 1801 an Gunda, die Schwester von Clemens Brentano. »Nur das Wilde, Große, Glänzende gefällt mir. Es ist ein unseliges, aber unverbesserliches Mißverhältnis in meiner Seele; und es wird und muß so bleiben, denn ich bin ein Weib und habe Begierden wie ein Mann, ohne Männerkraft. Darum bin ich so wechselnd, so uneins mit mir.«

Über Jahrhunderte hinweg konnte sich kreative Tätigkeit von Frauen zunächst nur zögernd entwickeln, vorwiegend in den Klöstern, sonst war ihnen der Weg zur Bildung, zu Universität und Beruf weitgehend verschlossen. Und natürlich hat sich der jahrhundertelange Status der Frau, Objekt, Anhängsel, Untergebene zu sein, zumindest in westlichen Ländern in den letzten Jahrzehnten geändert. Sie ist durchaus Subjekt, eigenständig, weitgehend gleichberechtigt. Und nicht wenige Männer haben noch immer massive Probleme damit.

Robert Musil schrieb in dem 1929 erschienenen Buch *Die Frau von morgen*:

»Die Frau ist es müde geworden, das Ideal des Mannes zu sein, der zur Idealisierung nicht mehr die rechte Kraft hat, und hat es übernommen, sich ihr eigenes Wunschbild auszudenken ... Sie will überhaupt kein Ideal mehr sein, sondern Ideale machen, zu ihrer Bildung beitragen, wie es die Männer tun.«

Aber lassen die Männer sie denn?

»Meinem Mann gefällt es nicht, daß ich mich so ganz der Schriftstellerei widme«, schreibt die tschechische Schriftstellerin Božena Němcová, die mit 42 Jahren nach einer sehr unglücklichen Ehe starb. »Er sähe mich lieber als virtuose Hausfrau, ich begreife, daß wir dann glücklicher wären.« Sylvia Plath schrieb ihre Gedichte morgens vor fünf Uhr, ehe die Kinder aufwachten. Die Schriftstellerin Sybille Bedford sagte lakonisch: »Mutterliebe und Literatur lassen sich nicht vereinbaren«, und in der Tat haben viele hochbegabte Frauen auf Kinder verzichtet, und die, die doch Kinder großgezogen haben, taten es unter unendlichen Anstrengungen, an denen sie schließlich nicht selten zerbrachen. 1947 schrieb die Schriftstellerin Elisabeth Langgässer in einem Brief: »Die Alltagsarbeit wird von Tag zu Tag schwieriger, und der Haushalt verschlingt die letzten Kräfte wie ein triumphierender Moloch, dem die Saftbrühe rechts und links vom Maul herunterläuft. ... Immer fühle ich, was es heißt, eine Kerze an beiden Enden anzuzünden.« Können wir uns eine Frau, Mutter von sechs Kindern, vorstellen, wie sie sich Tag für Tag morgens in ihr Arbeitszimmer zurückzieht, um zwölf Uhr hat das Essen auf dem Tisch zu stehen, und nachmittags muss Ruhe im Haus sein, damit sie weiterarbeiten kann? Bei den Manns war es so, nur umgekehrt: er schrieb, sie hielt die Kinder zur Ruhe an, aber selbst in Katia Manns *Ungeschriebenen Memoiren* findet sich plötzlich der Satz: »Ich habe in meinem Leben nie tun können, was ich hätte tun wollen.«

Wenn einmal ein schreibender Mann wie Peter Handke ein Kind allein großzieht, wird darüber unendlich geschrieben, gestaunt, die Tapferkeit gelobt, mit der er das alles schafft und dennoch schreibt. Bei Frauen gilt so ein Leben als selbstverständlich. »Wenn man schreiben könnte, ohne den Mann, die Kinder oder sonst jemanden zu verletzen!«, seufzte die Schweizer Schriftstellerin Erica Pedretti. Frauen machen sich Gedanken darüber, wen sie vernachlässigen, wenn sie sich ihrer Arbeit, ihrer Kunst widmen. Männer tun das auch, aber eher als lakonische Feststellung, wie etwa Hermann Hesse, der zugab, ein »Großverbraucher an menschlicher Kraft« zu sein, aber das alles käme schließlich seinem Werk zugute. So war es, und noch über seinen Tod hinaus arbeitete seine Frau Ninon Ausländer-Hesse so lange an der Herausgabe seiner Briefe und der Ordnung des Nachlasses, dass ihr eigenes Werk unvollendet blieb, als sie vier Jahre nach ihm starb. Charlotte Berend-Corinth, Frau des Malers Lovis Corinth, sah das alles ganz klar:

»Ich behaupte, ... daß große Leistungen von einem Mann nur ausgeführt werden, wenn eine Frau neben ihm steht, ohne sich vordrängen zu wollen, nicht einen Schritt – eher noch hinter ihm mag sie verbleiben. ... Ich behaupte ferner, daß auch eine Frau mehr Leistung von Wert hervorbringen würde, wenn ein Mann so neben ihr stünde, aber – er möge mir verzeihen – dafür ist der Mann noch nicht reif! Tatsächlich, es gibt keine Frauenemanzipation – es gibt nur eine Entwicklung beim Manne, auf die zu hoffen wäre.«

Als eine der ersten Frauen versuchte die 1770 geborene Sophie Schubart, freiberufliche, unabhängigc Autorin zu werden und das dichterische Selbstverständnis für sich so in Anspruch zu nehmen, wie es die Männer ihrer Zeit taten. Sie musste aus wirtschaftlichen Gründen eine Vernunftehe mit dem Juristen Mereau eingehen, dessen Universitätskarriere sie nach der Heirat unterstützte. In diesem intellektuellen Umfeld hatte sie einen relativen Freiraum, konnte durch erste

Veröffentlichungen auf sich aufmerksam machen, sie lernte Friedrich Schiller kennen, der ihre Texte in den *Horen* besprach und an Goethe schrieb: »Ich muß mich doch wirklich drüber wundern, wie unsere Weiber jetzt, auf bloß dilettantischem Wege, eine gewisse Schreibgeschicklichkeit sich zu verschaffen wissen, die der Kunst nahe kommt.«

Wie großzügig! Sophie Mereaus Mann mag ähnlich gedacht haben, zunehmend litt sie unter ihrer Ehe und unter seinem Unverständnis und ließ sich schließlich scheiden. Auch das war unerhört – ihre Ehescheidung war die erste in Jena, und Sophie Mereau durfte ihr Kind (ein zweites war gestorben) behalten und bekam sogar Unterhalt. Sie zog nach Weimar und wollte endlich als freie Schriftstellerin leben. Es gelang ihr, und sie erwarb sich Einkommen und ein gewisses Ansehen, obwohl sie auch von Rezensenten immer wieder herablassend als »Damenschriftstellerin« eingeordnet wurde.

Und dann geschieht das Drama: Sie verliebt sich in einen schreibenden Mann, in Clemens Brentano. Er ist noch Student, sie renommierte Schriftstellerin, sie fördert ihn, und er fühlt sich davon bedroht. Ihre Liebesbeziehung ist chaotisch, dramatisch, er will sie heiraten (»O Sophie, führe mich ins Leben, führe mich in die Ordnung, gib mir ein Haus, ein Weib, ein Kind, einen Gott ...«), sie aber will lieber frei bleiben. Sie heiratet ihn erst, als sie schwanger wird. Und der Rest ist sehr schnell erzählt: Er schreibt, sie bekommt in drei Ehejahren drei Kinder, die alle nach kurzer Zeit sterben. Sie will kein weiteres Kind, aber er drängt darauf. An der letzten Schwangerschaft stirbt sie schließlich, 1805, sie ist 36 Jahre alt. Er ist heute weltberühmt, sie so gut wie vergessen.

Frauen, die schreiben, leben gefährlich. Sie leben vor allem in der Regel sehr kurz, und wenn es doch ein längeres

Leben wird, dann manchmal eines in Einsamkeit und Elend, und am Ende stand oft auch noch das völlige Vergessen – wie etwa bei Mascha Kaléko oder Irmgard Keun, die erst jetzt zögernd wieder entdeckt werden.

»Ich las in deiner Hand
Mein Frauenschicksal
Lebendig begraben zu sein
Im Mausoleum des Vergessens«,

dichtete Claire Goll, und in ihrer bitteren Abrechnung *Ich verzeihe keinem* heißt es:

»Die Frau ist eine Null, nichts als eine Anhäufung von Eierstöcken, und ich nehme mich nicht aus. Trotz meiner kleinen Erfolge bin ich nichts, fühle mich als nichts. Ich bin nie auf die Idee gekommen, mit Goll zu konkurrieren. Ich habe mich immer eine Etage tiefer gefühlt.«

Sogar die große Virginia Woolf klagte unsicher: »Ich kenne meine eigenen Begabungen nicht«, und in *Ein Zimmer für sich allein* heißt es über die Frauen: »Ihre Begabung ist ganz mit Unkraut durchwachsen und von Dornengestrüpp beengt. ... Grob gesprochen sind Fußball und Sport ›wichtig‹. – Die Anbetung der Mode, das Einkaufen von Kleidern ›trivial‹.«

Dieses Gefühl, weniger wert, minderwertig zu sein, findet sich bei vielen schreibenden Frauen. Und wenn sie einmal Selbstbewusstsein zeigen, wird es drakonisch gebremst.

»Ich bin dein Wegrand.
Die dich streift,
stürzt ab.«

dichtete Else Lasker-Schüler voller Leidenschaft verliebt und eifersüchtig an, für und über Gottfried Benn. Und er schlug zurück in einem Gedicht:

»Keiner wird mein Wegrand sein.
Laß deine Blüten nur verblühen.
Mein Weg flutet und geht allein.«

Wie erträgt man eine derartige Abfuhr? Das muss doch eine Wunde sein, die nie mehr heilt. Eine der letzten Zeichnungen von Else Lasker-Schüler zeigt eine am Baum erhängte Gestalt, wir erkennen den schmalen »Prinzen von Theben«, der sie selbst war, unter dem Bild steht: »Im Grauen der Einsamkeit.« Nach ihrem Tod nannte Benn sie »die größte Lyrikerin, die Deutschland jemals besaß«. Der Lebenden hätte dieser Satz mehr geholfen.

Eines aber muss hier gesagt sein: dass natürlich auch schöpferische Männer dieses Grauen der Einsamkeit sehr wohl kennen, die Zweifel, die Überforderungen, das sich selbst Ausbeuten. Nur sind ihre Lebensbedingungen in der Regel einfacher als die von Frauen, und auch die Erwartungen der Gesellschaft sind an einen Mann letztlich doch andere als an eine Frau. Jede Frau, die – wie ich – in der Öffentlichkeit arbeitet, weiß ein Lied davon zu singen. Man braucht sehr viel Kraft, sehr viel Selbstbewusstsein. Damit sieht es in der Regel bei Frauen schlechter aus als bei Männern. Virginia Woolf, deren Mann auch Schriftsteller war, wusste:

»Das Leben ist für beide Geschlechter – und ich schaue sie mir an, wie sie Schulter an Schulter über das Pflaster an mir vorüberzogen – mühsam, schwierig, ein ständiger Kampf. Es erfordert gewaltigen Mut und Kraft. Mehr als alles andere

erfordert es – Geschöpfe der Illusion, die wir nun einmal sind – Selbstvertrauen. Ohne Selbstvertrauen sind wir wie Wickelkinder.«

Es ist neben einem auffallenden Mangel an Selbstbewusstsein eben das Grauen der Einsamkeit, an dem so viele schreibende Frauen zugrunde gehen und gingen. Dieses: *Kein Ort. Nirgends*, wie Christa Wolf ihr bewegendes Buch über das Elend der Karoline von Günderrode genannt hat. Sie lässt hier 1804 den ebenfalls tief unglücklichen Heinrich von Kleist und die verzweifelt um ihre künstlerische Freiheit kämpfende Günderrode aufeinandertreffen, am Rhein, und sie erfindet einen gemeinsamen Spaziergang, denn die beiden hätten

---

LINKS: **Karoline von Günderrode** (1780–1806), *Lithografie von V. Schertle, 1800*

RECHTS: **»Der Prinz von Theben«**, *Else Lasker-Schüler, eigenhändige Zeichnung*

sich begegnen können, sie hatten denselben Freundeskreis. Wäre ihnen zu helfen gewesen? Hätte sie sich nicht 26-jährig erdolchen, er sich nicht 34-jährig erschießen müssen, wenn es eine einzige Seele gegeben hätte, die ähnlich lebte, dachte und schrieb? Wäre das denn möglich gewesen, eine wirkliche Berührung von Mann und Frau?

»Die Berührung, nach der es uns so unendlich verlangt, es gibt sie nicht«, lässt Wolf die Günderrode sanft sagen. Kleist sagt zögernd: »Manchmal ist es mir unerträglich, daß die Natur den Menschen in Mann und Frau aufgespalten hat.« Sie antwortet: »Das meinen Sie nicht, Kleist. Sie meinen, daß in Ihnen selbst Mann und Frau einander feindlich gegenüberstehn. Wie auch in mir.« Und er erschrickt tief. »Wäre das die Frau, vor deren Liebe man keine Angst haben müßte?«

Christa Wolf, schreibende Frau eines auch schreibenden Mannes, versetzt sich genial in diese beiden Zerrissenen:

»Sie sagt, nach ihrer Beobachtung gehöre zum Leben der Frauen mehr Mut als zu dem der Männer. Wenn sie von einer Frau höre, die diesen Mut aufbringe, verlange es sie danach, mit ihr bekannt zu sein. Es sei nämlich dahin gekommen, daß die Frauen, auch über Entfernungen hinweg, einander stützen müßten, da die Männer nicht mehr dazu imstande seien.

Das muß sie ihm schon näher erklären.

›Ach, Kleist, Sie wissen es doch. Weil die Männer, die für uns in Frage kämen, selbst in auswegloser Verstrickung sind. Ihr werdet durch den Gang der Geschäfte, die euch obliegen, in Stücke zerteilt, die kaum miteinander zusammenhängen. Wir sind auf den ganzen Menschen aus und können ihn nicht finden.‹«

Ich kann dieses Buch nie ohne tiefste Bewegung lesen. Da ist das ganze Dilemma der schreibenden, schöpferischen

Frau, des schreibenden, um Erfolg kämpfenden Mannes: Wir sind auf den ganzen Menschen aus und können ihn nicht finden. Wir haben Angst voreinander. Männer bewältigen diese Angst – meistens – mit ihrem Werk. Frauen – oft – mit ihrem Tod. Kein Ort. Nirgends. Vielleicht im Himmel? Die Schriftstellerin Christine Lavant fragt: »Ich weiß nicht, ob der Himmel niederkniet, wenn man zu schwach ist, um hinaufzukommen?« Wir kennen die Antwort: Nein, er tut es nicht.

Unsern Himmel müssen wir uns selbst erschaffen. Dazu gehört nach Virginia Woolf vor allem, dass eine Frau ein eigenes Arbeitszimmer hat, wie ein Mann, »und wenn wir an die Freiheit gewöhnt sind und an den Mut, genau das zu schreiben, was wir denken; wenn wir dem gemeinsamen Wohnzimmer ein bisschen entronnen sind und menschliche Wesen nicht immer nur in ihrer Beziehung zueinander sehen, sondern in Beziehung zur Wirklichkeit; ... wenn wir der Tatsache ins Auge sehen – denn es ist eine Tatsache –, dass es keinen Arm gibt, auf den wir uns stützen könnten, sondern dass wir allein gehen und dass unsere Beziehung eine Beziehung zur Welt der Wirklichkeit und nicht zur Welt der Männer und Frauen sein sollte, dann wird diese Gelegenheit kommen, und die tote Dichterin, die Shakespeares Schwester war, wird den Körper annehmen, den sie so oft abgelegt hat.«

Leben ist gefährlich. Am Ende steht immer der Tod. Schreiben ist gefährlich. Am Ende des Schreibens steht das Werk. Die Werke der Schriftstellerinnen, die mit ihrem Leben dafür bezahlt haben, helfen uns – mir – durch die noch verbleibenden Jahre.

Die Karte der Liebe

Ahnherrinnen schreibender Frauen

Unsere Geschichte ist keine kontinuierliche, unwidersprochen gebliebene Geschichte der Diskriminierung und Unterdrückung der Frau, die dann schließlich, etwa mit der Französischen Revolution, ihre Wendung zum Besseren nahm. Selbst Simone de Beauvoir, die davon ausging, dass die Geschichte der Frauen bislang von Männern gemacht wurde, räumte ein, dass es Epochen gab, die für Frauen besonders günstig waren, so etwa weite Strecken des 18. Jahrhunderts.

Seit dem Spätmittelalter wenden sich Frauen wie Männer gegen die Herabsetzung der Frau und bestreiten das Fehlen ihrer intellektuellen Fähigkeiten. Im 15. Jahrhundert begegnen wir der Figur des Damenstreiters, der Schriften zum Lobe der Frauen verfasst, 200 Jahre später dem entschiedenen Feministen, der die Ansicht vertritt, dass man die Frauen nicht nach dem beurteilen dürfe, was sie in der Vergangenheit geleistet haben, da sie in der Regel nie Chancen besaßen – weder Freiheit noch Bildung.

Eine der meistgelesenen Dichtungen des Spätmittelalters war der aus dem 13. Jahrhundert stammende *Rosenroman*. Ursprünglich eine Minneallegorie, wurde er in seiner Fortsetzung zu einem kulturkritischen Traktat, das die Nichtswürdigkeit der Frau propagierte und die Männer mit Argumenten gegen die Frauen versorgte, etwa der Art: »Ihr seid, werdet oder wart alle Huren, durch die Tat oder den bloßen Willen.« Der *Rosenroman* wurde zum Ausgangspunkt eines europäischen Geschlechterstreits, der sogenannten *Querelle des Femmes*. Eine Frau lieferte die entscheidenden Argumente gegen die Diskriminierung der Frau: Der auf die Antike zurückgehenden Tradition hielt Christine de Pizan entgegen, dass es nicht Frauen waren, welche die Bücher verfassten und jene Dinge aufzeichneten, die man gegen sie und ihre Lebensweise vorbringe. Die Frauen wüssten sehr wohl, dass man sie zu Unrecht beschuldige, und wenn sie die Bücher selbst geschrieben hätten, sähe alles ganz anders aus. Christine de Pizan beruft sich als eine der ersten auf ihre Erfahrung als Frau: Da sie »wirklich und wahrhaftig« weiblichen Geschlechts sei, könne sie in dieser Angelegenheit »mit größerer Berechtigung Zeugnis ablegen als jemand, dem es an eigener Erfahrung gebricht« und der einfach auf der Grundlage von Vermutungen und Hörensagen daherrede.

In ihrem *Buch über die Stadt der Frauen* geht sie noch weiter und unterzieht den Kanon der Tugenden und Vorbilder ihrer Zeit einer kritischen Revision: Sie nimmt sich die frauenfeindlichen Klischees vor, zerpflückt und widerlegt sie, ersetzt sie jeweils durch das Beispiel einer großen Frau. Auf diese Weise schafft sie eine andere Genealogie, auf die sich die Frauen berufen konnten.

In gewisser Weise ist auch dieses Buch eine Fortsetzung ihrer Idee einer virtuellen Stadt der Frauen – eine Galerie und ein Refugium, errichtet aus den Lebensbildern von Frauen, die sich für ihre Lust an der Schriftstellerei ein gefährliches Leben einhandelten.

Hildegard von Bingen

1098–1179

Sie musste zweiundvierzig Jahre alt werden, bevor sie zu schreiben begann. Visionen hatte sie bereits als kleines Kind. Jetzt aber kam »ein feuriges Licht mit Blitzesleuchten vom offenen Himmel hernieder«, und es erschloss sich ihr »plötzlich der Sinn der Schriften, des Psalters, des Evangeliums und der übrigen katholischen Bücher des Alten und Neuen Testaments«. Hildegard wurde zur Prophetin berufen: Aus dem Glanz erscholl eine himmlische Stimme, die sprach zu ihr: »Gebrechlicher Mensch ..., sage und schreibe, was du siehst und hörst!« Selbst jetzt aber sträubte sie sich, denn nach paulinischem Diktum waren einer Frau das Predigen, Schreiben und öffentliche Reden verboten. Doch dann warf sie eine Krankheit nieder, die sie als Strafe Gottes interpretierte. »Da endlich legte ich, bezwungen durch die vielen Leiden, Hand ans Schreiben.« Und die Gesundheit kehrte wieder. Die Anerkennung ihrer Sehergabe und damit verbunden ihre

Sanktionierung als Schriftstellerin erreichte sie einige Jahre später, als Papst Eugen III. nach Trier kam.

Neben *Liber Scivias*, einer kosmologischen Deutung der Heilsgeschichte, schrieb Hildegard Werke zur Medizin, zur Sittenlehre und zur Stellung des Menschen in der Schöpfung. Sie verstand sich als Prophetin; die visionäre Form der Belehrung war damals die einzige Möglichkeit für eine Frau, Theologie zu betreiben. Gegen die »gottgewollte« Ordnung der Geschlechter und Stände erhob sie keine Einrede. Gleichwohl gibt es in ihrer Berufung zur Schriftstellerin auch eine irdische Dimension; denn der eigentliche Grund ihrer Erkrankung war zweifellos der auferlegte Zwang des Schreibverbots, mit dessen Aufhebung sie auch wieder zu Kräften kam. Schreiben – als Ausdruck der inneren, bei Hildegard der göttlichen Stimme – wird hier, in der Binger Klosterstube, zur Form, in der sich ein neues Selbstbewusstsein der Frau artikuliert. Sie schmeichle niemandem und rede nicht mit gespaltener Zunge, schreibt Hildegard. Sie ist unbeugsam wie ein Stein, wird keinem Menschen weichen. Sie hat die Einfalt eines Kindes: Sie redet nichts, als was sie weiß und sieht.

Schreiben, das hieß in Hildegards Fall diktieren, es sei denn, sie notierte ihre Texte in einer ersten Fassung auf einer Wachstafel. Ein Schreiber übertrug sie sodann auf Pergament, wobei er stillschweigend die lateinische Grammatik verbesserte und redigierte. Dazu stand ihr ein vom Abt abgestellter Mitarbeiter zur Verfügung: von 1141 bis 1173 der Mönch Volmar, nach dessen Tod der Mönch Wibert. In einem dritten und letzten Arbeitsgang wurde dann die Reinschrift ausgefertigt, welche uns heute als zeitgenössische Handschrift vorliegt.

Hildegard von Bingen, *Postkarte, um 1910*

Christine de Pizan

1365 – um 1430

Mit Christine de Pizan betritt ein völlig neuer Frauentypus die öffentliche Bühne: die professionelle Schriftstellerin, die von den Einkünften aus ihrer Tätigkeit als weltliche Autorin lebt. Die »süße Lust des Wissens und Lernens«, des Schreibens und Veröffentlichens war bei ihr verknüpft mit der durch den Tod ihres Mannes eingetretenen Situation des ungebundenen und gefährlichen Lebens. Des männlichen Schutzes beraubt, nimmt sie die Existenzform eines Mannes an – macht selbstständig das Schiff des Lebens wieder flott und steuert sich und ihre Töchter durch die Untiefen des irdischen Daseins. Zu Recht gilt Christine de Pizan, die als Kopistin begann, dann als Autorin arbeitete und eine eigene Schreibwerkstatt unterhielt, als Ahnherrin aller heutigen Bücherfrauen – von den Schriftstellerinnen bis zu den Verlegerinnen.

In ihren Büchern plädiert Christine de Pizan für die sexuelle Enthaltsamkeit der Frau und eine Abwendung von der Liebe als Leidenschaft, und sie blieb nicht die einzige Schriftstellerin, die sich in dieser Weise äußerte. Mit Prüderie jedoch, wie die Männer rasch unterstellten, hatte das wenig zu tun. Vielmehr ging es den Frauen darum, dem Besitzanspruch zu entgehen, den die Männer über ihren Körper und vor allem ihr Leben ausübten. Liebe Frauen, heißt es bei Christine de Pizan, denkt stets daran, wie sehr die Männer euch der Leichtfertigkeit und Schwäche bezichtigen, wie gewaltige Anstrengungen sie aber andererseits unternehmen, euch in Netzen einzufangen. »Flieht, flieht, liebe Frauen« – vor dem maßlosen und törichten Liebesanspruch der Männer; denn die Rechnung bezahlt am Ende immer ihr selbst.

Christine de Pizan, *Buchmalerei, Illustration zu Christine de Pizans gesammelten Werken, um 1411/12, British Library, London*

Madeleine de Scudéry

1607–1701

Ihre Dichtungen sind nur noch Literaturhistorikern ein Begriff: heroisch-galante Romane sowie ein schmales poetisches Œuvre. Sprichwörtlich geworden ist hingegen die »Carte de Tendre«, die Karte der zarten Liebe, die Madeleine de Scudéry dem ersten Band ihres Romans *Clélie* hat beibinden lassen. Es handelt sich um eine allegorische Landkarte des weiten Feldes der Liebe, die nicht von ungefähr an ein Spielbrett erinnert. Sie steht für einen neuen, weiblichen Verhaltenskodex der Liebe, in dem die sinnliche Leidenschaft von einer Sympathie der Seelen überflügelt wird. Die Darstellung weist dem in der Liebe Unerfahrenen den gefährlichen, linker Hand vom Meer der Feindschaft und rechter Hand vom See der Gleichgültigkeit begrenzten Weg zu den drei besonderen Möglichkeiten der Liebe: der Liebe als Anerkennung, als Wertschätzung und als Zuneigung. Letztere, die erstrebenswerteste Form, ist ohne Zwischenhalt direkt auf dem Fluss der Zuneigung erreichbar; er führt mitten durch die Karte und mündet hinter der Stadt der zarten Liebe in das gefährliche Meer, hinter dem sich die noch unbekannten Provinzen der Liebe abzeichnen.

Den Bemühungen der Frauen, in das traditionell von Männern dominierte Reich der Literatur vorzudringen, entsprechen ebenso viele Versuche, dem männlichen Begriff von Liebe, der zwischen Verfügbarkeit, Idealisierung (etwa in der Minnelyrik) und Verachtung der Frau schwankt, neue, kultiviertere Liebeskonzepte entgegenzusetzen. Aufrichtigkeit und Integrität werden in diesem Zusammenhang zu Werten einer weiblichen Ästhetik, die Lebenshaltung und Literatur miteinander verbindet. Die später von Molière verspotteten »Preziösen« des 17. Jahrhunderts, zu denen Madeleine de Scudéry gehörte, hielten die Ehe, die nur dem Mann freie Gattenwahl einräumte, für eine Einrichtung des Hasses und des Leidens, und sie plädierten für ihre Befristung oder gar das freie Konkubinat. Madeleine de Scudéry wählte die Ehelosigkeit, und es gelang ihr auch, die Vormundschaft des älteren Bruders abzuschütteln. Sie stellte sich in die Tradition der antiken Dichterin Sappho und schuf sich ihren eigenen Salon, wo ein zivilisierter Flirt und die gehobene Konversation gepflegt wurden.

Madeleine de Scudéry, *Gemälde eines unbekannten französischen Malers, 17. Jahrhundert, Bibliothèque Marguerite Durand, Paris*

Herrenhäuser und Frauenzimmer
Gegenwelten des Gefühls

»Ja, die Weiber sind gefährlich«, hat der Exilpariser Heinrich Heine (1797–1856) behauptet und dabei speziell die Schriftstellerinnen und unter ihnen die Französin und Deutschlandkennerin Madame de Staël im Auge gehabt. Ihr unterstellte Heine eine doppelte Optik: Frauen, die schreiben, hätten »ein Auge auf das Papier und das andre auf einen Mann gerichtet«; charakteristisch sei bei ihnen »ein gewisser Cancan, der Klüngel, den sie auch in die Literatur herüberbringen«, wohingegen die Männer ausschließlich um der Sache willen zur Feder greifen würden. Indem Heine die schreibenden Frauen schmähte und versicherte, sie seien frivol, verteidigte er die Kreativität als männliches Privileg. Nach allgemeiner Auffassung waren Frauen dazu da, Schönheit zu verkörpern – und nicht Kunst zu schaffen. Deshalb hielt Heine auch die schönen Frauen für weniger gefährlich als diejenigen, »welche mehr geistige als körperliche Vorzüge besitzen«, zu denen er auch Mme de Staël rechnete.

Diese hatte in ihrem Roman *Corinna oder Italien* die Ansicht vertreten, dass das Genie über den Geschlechtern stehe. Neben den männlichen hatte sie zugleich seine weiblichen Züge betont: Genie zu haben hieß für sie, zu großen Gefühlen fähig zu sein und daraus Kunst zu machen. Das Gefühl aber galt in ihrem Zeitalter als Privileg der Frau und wurde als etwas Passives betrachtet. Mme de Staël hingegen betonte seine aktiven Züge und sprach von »Enthusiasmus«, den sie als Liebe zum Schönen, als Erhebung des Gemüts und Genuss der Hingabe definierte, vereinigt in einer Stimmung, die bei aller Sanftheit Stärke besitze. Solcher Enthusiasmus war ihrer Meinung nach von Fanatismus meilenweit entfernt, worin sie sich mit dem Philosophen Kant einig wusste, dem sie ein großes Kapitel in ihrem Buch über Deutschland widmete. Der Fanatiker glaubt im Besitz der Wahrheit zu sein und schließt andere davon aus. Der Enthusiast hingegen fühlt das Anziehende und Schöne in allen Dingen; daraus bezieht er eine Spannkraft, die ihn zu Großem befähigt. Die Französin machte daraus eine Lebensphilosophie, noch bevor es dieses zusammengesetzte Hauptwort gab: Nur der Enthusiasmus, schrieb sie, könne den Hang zum Egoismus aufwiegen. Das erreichte Ziel befriedige niemals: »Die Risikohandlung ist notwendig, und sie ist es, die den Enthusiasmus in das Blut treibt.« Delphine und Corinna, die Hauptfiguren ihrer gleichnamigen Romane und beide idealisierte Selbstbildnisse, verkörpern diese aufrichtige Begeisterung und Risikobereitschaft und werden dadurch zu Opfern der gesellschaftlichen Konventionen ihrer Zeit. Enthusiastisch zu sein und daraus auch noch Literatur zu machen ist mit erheblichen Risiken verbunden, die aber das Leben erst interessant und vor allem frei machen: Frauen, die schreiben, sind nicht nur gefährlich (jedenfalls in den Augen der Männer), sie leben auch gefährlich, und das im besten Fall, weil sie es so wollen.

Mary Wollstonecraft

1759–1797

Es ist klar, dass die Frau durch ein Zusammenwirken von Umständen schwach und erniedrigt wurde«, heißt es in Mary Wollstonecrafts *Verteidigung der Rechte der Frau* aus dem Jahr 1792. »Von ihr gilt, was von dem Volke behauptet wird: Die Masse der Menschheit muß in Unwissenheit erhalten werden, sonst würden die willfährigen Sklaven zur Erkenntnis ihrer Abhängigkeit kommen. Die Menschen beugen sich vor ihren Unterdrückern... Statt auf ihrem angeborenen Recht der Freiheit zu bestehen, kriechen sie im Staube und sagen, wir wollen essen und trinken, denn morgen können wir sterben. Von den Frauen gilt dasselbe. Sie erniedrigen sich aus dem gleichen Hang, den Moment zu genießen, und schließlich verachten sie eine Freiheit, die zu erringen sie nicht Kraft genug haben.«

Bereits die Französin Olympe de Gouges hatte 1789 parallel zur Erklärung der Menschenrechte eine *Déclaration des droits de la Femme* verfasst und landete auf dem Schafott. Auch für Mary Wollstonecraft war die Verteidigung der Rechte der Frau Anwendung und Bewährungsprobe der Menschenrechte. Ihre aufrührerische Schrift nahm zentrale Argumente der feministischen Bewegung vorweg: Die Herabwürdigung der Frau habe ihre Wurzeln in einer Sozialisation, die nicht für die Ausbildung geistiger Fähigkeiten sorgt, sondern lediglich geschicktes Anpassungsverhalten fördert. Wohl sei die Frauenfrage eine Männerfrage (*ihre* Unterdrückung für *seine* Überlegenheit), aber sie bleibe eine Frauenfrage: Denn nur zu viele Frauen kollaborierten mit denen, die ihnen auf den ersten Blick huldigen, sie auf den zweiten aber verachten. Die Unmündigkeit der Frau sei auch selbst verschuldet; der Kult, der um die weibliche Empfindsamkeit gemacht wird, befestige die reale Abhängigkeit der Frau. So forderte Mary Wollstonecraft nicht weniger als eine »Revolution der weiblichen Sitten«.

Die Verteidigerin der Frauenrechte starb bereits mit achtunddreißig Jahren – bei der Geburt ihrer Tochter Mary Shelley, die als Zwanzigjährige mit dem modernen Prometheus Victor Frankenstein einen der ganz großen Mythen der modernen Welt erschaffen hat.

Mary Wollstonecraft, *Gemälde von John Keenan (1791 – 1815), Privatbesitz*

Germaine de Staël

1766–1817

Die Ministertochter und geschiedene Diplomatengattin Germaine Necker, Baronne de Staël-Holstein, genannt Mme de Staël, war, was bereits vor ihrer Zeit eine starke Frau genannt wurde: eine schreibende und politisierende Frau mit einem sehr selbstsicheren Auftreten. Simone de Beauvoir bewunderte ihre Landsmännin, die die Männer durch Geisteskraft beherrschte und sich in ihren Armen wohl kaum als Beute fühlen musste. Zu ihren zahlreichen Liebhabern, von denen sie insgesamt fünf Kinder hatte, zählten unter anderem Talleyrand, der Kriegsminister Narbonne, der schwedische

Königsmörder Ribbing, der spätere portugiesische Premier Souza und der Schriftsteller und Mitbegründer des Liberalismus Benjamin Constant. Mme de Staël verstand sich glänzend auf die Kunst der Gesprächsführung und war darin den deutschen Dichtern, die sie in ihren Provinzen aufsuchte, haushoch überlegen. Schiller beklagte sich, dass ihm wegen der »ganz ungewöhnlichen Fertigkeit ihrer Zunge« nichts übrigblieb, als sich »ganz in ein Gehörorgan« zu verwandeln. Goethe hingegen wählte, sobald sie ihr Kommen ankündigte, die sich auch in anderen Fällen bewährende Strategie des Rückzugs. Von ihrem Urteil, dass es »nichts Schwerfälligeres, Verräucherteres im moralischen wie im physischen Sinne als die deutschen Männer« gebe, wollte die französische Konversationskünstlerin Deutschlands Dichterfürsten jedoch ausdrücklich ausgenommen wissen. Auch für die deutschen Frauen gelte dies nicht, wenn sie bei ihnen auch zumeist jene »Geistesschnelligkeit« vermisste, die eine Unterhaltung lebhaft macht.

Die Originalausgabe ihres großen Deutschlandbuches *De l'Allemagne* erschien 1810 – Napoleon intervenierte persönlich und ließ die gesamte Auflage, immerhin 10 000 Exemplare, einstampfen; drei Jahre später konnte die französische Erstausgabe dann in London erscheinen, das inzwischen zum Exilort der Verfasserin geworden war. Die Auflage war sofort vergriffen, und innerhalb kurzer Zeit wurden in Europa an die 70 000 Exemplare des vierbändigen Werkes verkauft, das aus den Deutschen das Volk der Dichter und Denker gemacht hat und das Deutschlandbild der Franzosen bis heute prägt.

Germaine de Staël, *Lithografie von Henri Joseph Hesse (1781 – 1849) nach einem Gemälde von François Gerard, um 1830, koloriert*

George Sand

1804–1876

»Seien wir Künstler«, sprach die sechsundzwanzigjährige Aurore Dupin, verheiratete Dudevant, Mutter von zwei kleinen Kindern, zu ihren Freunden und bezog in Paris eine Mansarde unterm Dach. »Es lebe das Künstlerleben! Unsere Devise ist die Freiheit!« Ihren Künstlernamen Sand erhielt sie von dem Studenten Jules Sandeau, der ihr Vermittler in die Verlagswelt wurde. Als sie später ihre wechselnden Liebhaber nur mehr als Musen nutzte, kam der Vorname George hinzu.

Mit der Trennung von ihrem Mann hatte ein fulminanter

Aufstieg aus der Provinz in die Welt der Zirkel und Sozietäten der Hauptstadt begonnen, die Umsetzung des Vorhabens, »durch mich selbst zu existieren«, mit den Mitteln der Literatur und ihres Betriebs.

Über Indiana, die Titelheldin ihres ersten eigenständigen Romans, der ihr schnell Ruhm und eine große Leserschaft bringen sollte, schrieb die Autorin: »Indiana ist ein Typus: die Frau, das schwache Geschöpf, dem es obliegt, die verdrängten, oder, wenn Ihnen dies lieber ist, die durch die Gesetze unterdrückten Leidenschaften darzustellen; es ist der Wille im Konflikt mit der Notwendigkeit; die Liebe, die ihre blinde Stirn an allen Widerständen der Gesellschaft wundstößt.« Willenskraft und ein Hunger nach Liebe, der ihr zahlreiche Wunden schlug – das war George Sand. Sie schrieb täglich acht Stunden, häufig des Nachts, unter Zuhilfenahme von Kaffee und Tabak bis zur Erschöpfung »mit der Regelmäßigkeit einer Maschine«, auch wenn sie unter Schmerzen litt. Ihre Liebesbeziehung zu Alfred de Musset zerbrach an ihrer Arbeitsdisziplin, die sie auch auf der gemeinsamen Venedigreise aufrechterhielt. Während sie schrieb, tröstete sich Musset mit Alkohol und Prostituierten und wurde schließlich schwer krank (woraufhin sie sich in seinen Arzt verliebte). Ihr Hunger nach Liebe, den sie mit zumeist jüngeren Liebhabern zu stillen versuchte, blieb zeitlebens wohl unbefriedigt. Ist deshalb ihre Emanzipation gescheitert, wie man gemeint hat? Angemessener scheint die Reaktion von Franz Liszt. Sie sei schwerer zu trösten als andere, schrieb er ihr: »Denn Sie haben niemals ein liebendes Herz gefunden, das weiblich genug wäre, um Sie zu lieben …«

George Sand, *Fotografie von Félix Nadar (1820 – 1910), 1864*

Jane Austen

1775–1817

Enthusiasmus, so hat es den Anschein, war ihre Sache nicht; Entschiedenheit des Charakters umso mehr. Doch trifft das auf Jane Austens bekannte Romanfiguren nur insoweit zu, als sie Handelnde sind. Entschlossen und geistesgegenwärtig gehen sie dann auf ihr Ziel los – aus aufrichtiger Begeisterung und nicht etwa aus Egoismus oder Opportunismus. Allerdings müssen sie zwischen der Wahl und dem Erreichen des Ziels in der Regel einen Hindernisparcours aus Vorurteilen und Konventionen sowie den damit verbundenen Irritationen und

Versagungen absolvieren. Die richtige Mischung aus Gefühl und Charakter ist noch nicht die ganze Freiheit: Diese muss sich erst und häufig mit Leiden verbunden beweisen.

Vom Leben Jane Austens wissen wir wenig. »Ich bezweifle«, schrieb ihr Neffe James Edward Austen-Leigh, »ob es möglich wäre, irgendeinen anderen Autor von Bedeutung zu nennen, dessen Person so vollständig im Verborgenen blieb.« Man muss darin nicht weibliche Selbstbescheidung sehen. Vieles spricht dafür, dass Jane Austen ganz bewusst die Unsichtbarkeit gewählt hat, weil sie der Ansicht war, dies sei die ihr als Autorin gemäße Position. Sie wollte nicht mit ihrem äußeren Leben, sondern mit ihren Werken identifiziert werden. Unser Unwissen hat aber auch mit der Quellenlage zu tun. Janes Schwester Cassandra, von der auch das einzige authentische, allerdings recht skizzenhafte Porträt stammt, hat neben den eigenen Briefen an die Schwester auch einige von deren Briefen vernichtet oder Stellen darin getilgt.

Jane Austen zeigt uns die Menschen, bevor die modernen Formen der Selbstverwirklichung mit ihrem Stress und dem Gefühl der Überforderung ihre Lebenswege bestimmen. Ihre Hauptfiguren, besonders die weiblichen, nehmen ihr Schicksal auf sich, tapfer, aufrichtig, ohne zu feilschen. Sie tun das aus einem Gefühl der Verpflichtung nicht den Konventionen, sondern sich selbst gegenüber. Ihr Adel der Autonomie erklärt sich aus einem köstlichen Erlebnis, das Jane Austens Gewährsmann Rousseau »das Gefühl der Existenz« genannt hat – einen Zustand der Selbstliebe, in dem man nichts als sich selbst und seine eigene Existenz genießt und sich selbst genug ist.

Jane Austen, *zeitgenössischer Stich*

Harriet Beecher-Stowe

1811–1896

So this is the little lady who made this big war«, soll Abraham Lincoln über die Autorin von *Onkel Toms Hütte oder Aus dem Leben der Negersklaven* geäußert haben. Sicher hat er damit den gesellschaftspolitischen Einfluss von Harriet Beecher-Stowes berühmtestem Buch überschätzt. Den Amerikanischen Bürgerkrieg hat ihr Roman nicht verursacht, wohl aber hat sie mit ihm ihre Zeit in Gefühle gefasst und diese zu eindrucksvollen Szenen arrangiert. Sie wollte schreiben, wie ein Maler malt. »Ich werde Bilder schaffen. Bilder beeindrucken. Gegen Bilder kann man nicht argumentieren.«

Eines der beeindruckendsten Bilder, in der die Grausamkeit, die Güte und die Empörung leibhaftig auftreten, ist die Sterbeszene Onkel Toms, der von den Schergen des Sklavenhalters Legree zu Tode geprügelt worden ist. Bevor er sein Leben aushaucht, wird ihn nach Monaten des erfolglosen Suchens noch der junge und gute Herr George wiederfinden, begrüßt vom Seelenruf Toms: »O, Herr George, was ist es für eine schöne Sache, Christ zu sein.«

Doch nicht die Güte, die Empörung hat das letzte Wort in dieser Szene: »George drehte sich um und streckte Legree mit einem einzigen wuterfüllten Faustschlag zu Boden; und wie er dastand, flammend vor Zorn und Verachtung, sah er aus wie ein Ebenbild seines großen Namensvetters, des Drachentöters.«

Schon den Zeitgenossen ist aufgefallen, dass die Autorin die Sterbeszene Onkel Toms in der Tradition des sentimentalen Frauenromans arrangiert hat: Onkel Tom, die personifizierte Güte, hat alles, was eine Frau haben sollte, und reagiert so, wie eine Frau reagieren sollte. So blendet die Szene das Schicksal der Sklaven und das der Frauen übereinander. Im Sklaven Tom war eine Frauenseele zu entdecken, in der die Leserinnen des Romans sich wiedererkennen konnten – als Opfer einer Männergesellschaft, als die sie bereits Jahrzehnte zuvor Mary Wollstonecraft beschrieben hatte. Allerdings konnten sie schwerlich – wie übrigens auch die Schwarzen – auf einen Drachentöter hoffen, der sie ins Gelobte Land führen würde. Nicht nur das Christsein ist weniger eine schöne als eine gefährliche Sache.

Harriet Beecher-Stowe, *undatierte Fotografie*

Von der Alm
zur Villa Kunterbunt
Die Entdeckung der Kindheit

Im Jahr 1900, pünktlich zur Jahrhundertwende, veröffentlichte die schwedische Pädagogin Ellen Key ein Buch, das innerhalb kurzer Zeit hohe Auflagen erzielte und in zahlreiche Sprachen übersetzt wurde. Sein Titel *Das Jahrhundert des Kindes* war Prognose und Programm zugleich: Die Autorin trat für eine radikale Neubewertung des Kindes ein – dafür, es nicht länger als eine Vorstufe des Erwachsenen zu betrachten und ständig in seine Entwicklung einzugreifen, sondern es als ein Wesen ganz eigener Art zu behandeln, das nur aus sich heraus zu verstehen ist. Wer jetzt Kind war, würde im neuen Jahrhundert aufwachsen und sollte einem glücklicheren Geschlecht angehören.

Schon im 18. Jahrhundert hatte ein langfristiger Wandel eingesetzt, der die große Haushaltsfamilie durch die Kleinfamilie, die häusliche Gemeinschaft von Eltern und Kindern, ablöste. Dazu gehörte, dass der Familienunterhalt nicht mehr durch gemeinschaftliche Arbeit der Familienmitglieder einschließlich Frauen und Kinder sowie Gesinde erbracht wurde, sondern durch die Berufstätigkeit des Mannes außerhalb der Familie. Von der frühzeitigen Teilnahme an der Erwerbsarbeit befreit, waren die Kinder nun damit befasst, (fürs) Leben zu lernen. Eine sich ausbreitende Kinder- und Jugendliteratur lehrte sie richtiges Verhalten und Moralität, schulte ihre Intelligenz und Vorstellungskraft. Sie vermittelte den Kindern die Herausforderungen der Welt draußen, etwa in Gestalt von Abenteuerromanen. Es entwickelte sich eine Literatur für Heranwachsende, die nicht mehr mit erhobenem Zeigefinger daherkam, sondern verstärkt ihre Bedürfnisse aufgriff und ihnen eine eigene Welt zugestand. Sie verarbeitete die Irritationen und Spannungen, die sich durch die Kluft zwischen ihrer Vorstellungswelt und der Welt der Erwachsenen auftut. Mal scheitert der kindliche Held daran und wird sogar in den Tod getrieben, mal löst er die Probleme und verlässt die Kindheit. Sehr häufig wird die Erwachsenenwelt auch zur Zielscheibe von Spott. Das ist nicht ohne Reiz, auch und gerade für die Erwachsenen, die selbst unter dem Realitätsprinzip zu leiden haben.

Traditionell stand die Frau der Kinderwelt näher als der Mann, der ins feindliche Leben hinausmusste (oder -durfte) und mit Geld wieder zurückkehrte. Ihr Bild war das einer Vermittlerin zwischen Kinder- und Erwachsenenwelt, zwischen Wunsch und Vernunft, zwischen Fantasie und Realitätssinn. Dieses Rollenmodell sollte auch das Selbstverständnis der Autorinnen von Kinder- und Jugendbüchern prägen. Von Johanna Spyri über Astrid Lindgren bis zu Joanne Kathleen Rowling sehen wir sie damit befasst, die Welt in einen Schwebezustand zu versetzen, in dem sich zwei Perspektiven kreuzen: die des Kindes, das gegen die Erwachsenen opponiert und doch selbst erwachsen werden will, und die des Erwachsenen, der mit der Erziehung der Kinder befasst ist und in dem sich zugleich ein kleines Kind verbirgt.

Beatrix Potter

1866–1943

Nach dem Frühstück führte ich Mr. Benjamin Bunny zum Grasen an seiner ledernen Hundeleine zum Rand des Kohlbeets, als ich ein Rascheln hörte. Heraus kam ein kleines wildes Kaninchen, um sich mit ihm zu unterhalten… Das kleine Tier, offensichtlich ein Weibchen und von zerzaustem Äußerem, … zuckte vor Aufregung und Bewunderung für den wunderschönen Benjamin, der es schließlich hinter einem Kohlkopf entdeckte und sofort davonsprang. Wahrscheinlich hielt er es für Miss Huttons Katze.«

Solche humoristischen Beobachtungen finden sich in Beatrix Potters Tagebuch, das sie seit ihrem sechzehnten Lebensjahr in einer Geheimschrift führte. Der Eintrag ist datiert auf den 20. August 1892, Beatrix Potter war sechsundzwanzig Jahre alt, und es dauerte noch zehn Jahre, bis *The Tale of Peter Rabbit* im Selbstverlag und bald darauf als farbig illustriertes Kinderbuch erschien. Tonlage und Hauptfigur, ein kleiner Hase auf der Flucht durch den Garten, waren aber schon angelegt. In seiner Mischung aus realistischer Beobachtung und Fabel, aufgrund der detailgetreuen Illustrationen und des außergewöhnlichen kleinen Buchformats ist *Peter Rabbit* ein Klassiker der englischen Kinderliteratur geworden.

Beatrix Potter war ein behütetes, aber auch isoliertes Kind. Die Eltern erlaubten ihr weder Schulbesuch noch Spielkameraden. Ihre Zeit verbrachte sie im geräumigen Haus oder Garten – sie hielt sich eine Menagerie von Hasen, Igeln und Mäusen, zeichnete die Tiere vor ihrem Fenster, die Pflanzen im Beet, kopierte im Museum und betrieb naturkundliche Studien. Erst mit neununddreißig verlobte sie sich; der Ausersehene verstarb aber noch im gleichen Jahr.

Die Vermenschlichung der Natur, wie sie Beatrix Potter betrieb, verliert ihre Harmlosigkeit, begreift man sie als Widerspruch gegen eine Tendenz des Zeitalters, die sich im Verfahren der »Vivisektion« bündelte: der Zerstückelung lebender Tierkörper zum Zwecke der Forschung. »Die Vivisektion ist ein Verbrechen, welches einzig und allein das Werk des Mannes ist«, schrieb eine deutsche Zeitgenossin von Beatrix Potter und folgerte, Aufgabe der Frau sei es, gegen dieses Übel anzugehen.

Beatrix Potter, *vor ihrer Farm Hill Top im Lake District, England, 1907*

Selma Lagerlöf

1858–1940

Zweimal verzichtet der Däumling Nils Holgersson auf seine Rückkehr unter die ausgewachsenen Menschen: das erste Mal, um einem verzweifelten Studenten zu helfen, das zweite Mal, um den Gänserich Martin, auf dessen Rücken er Schweden durch die Luft bereist, vor dem Halsumdrehen zu bewahren. Von Nils' Mutter in den Stall gesperrt, soll er als Braten auf den Tisch kommen. Nils eilt ihm zu Hilfe und zeigt sich den Eltern deshalb, gegen seinen Willen, in der Däumlingsgestalt: In diesem Moment gewinnt er die normale Größe zurück, verlernt die Tiersprache und schließt die

Kindheit ab. Wenn die Kinder vor ihren Eltern bekennen, dass sie von ihnen abhängige Winzlinge sind, haben sie die Reife erlangt, den Kinderstatus zu verlassen.

Wunderbare Reise des kleinen Nils Holgersson mit den Wildgänsen (1906/07) ist zugleich Abenteuerroman, Entwicklungsroman, Märchen und Sachbuch. Am Anfang stand der Auftrag des schwedischen Erziehungsministeriums an die Lehrerin Selma Lagerlöf, ein geografisches Volksschul-Lehrbuch über Schweden zu schreiben. Unverkennbar ist der Einfluss von Rudyard Kiplings berühmtem *Dschungelbuch* von 1884: Wie Mowgli unter den Wölfen, lebt Nils Holgersson unter den Wildgänsen. Nils' märchenhafte Verwandlung in einen Däumling erlaubte der Autorin einen steten Wechsel von Vogel- und Froschperspektive; auf diese Weise erhält der Leser sowohl Überblick (Schweden von oben) als auch Einblick in sonst übersehene Details. Ein Hüftleiden fesselte Selma Lagerlöf an den Posten der Beobachterin; hier, in der Fiktion, gewann sie Beweglichkeit.

Selma Lagerlöf war die erste Frau, die – im Jahr 1909 – den Literaturnobelpreis erhielt, der bislang an neun weitere Schriftstellerinnen ging: Grazia Deledda (1926), Pearl S. Buck (1938), Gabriela Mistral (1945), Nelly Sachs (1966), Nadine Gordimer (1991), Toni Morrison (1993), Elfriede Jelinek (2004), Doris Lessing (2007) sowie Herta Müller (2010). Den Preis erhielt Selma Lagerlöf für ihr Erstlingswerk *Gösta Berling* (1891). Ihre Verknüpfung von Rationalität und Mystizismus findet sich bei vielen Autorinnen, die angesichts der Verunsicherung des *Fin de Siècle* nach neuen Ausdrucksformen und einer Reform des Lebens strebten.

Selma Lagerlöf, *Porträtaufnahme von A. Jonason, 1907*

Astrid Lindgren

1907–2002

Astrid Lindgren hat verbreitet, der Name Pippi Langstrumpf sei eine Erfindung ihrer Tochter; schwer erkrankt, habe sie um eine Geschichte gebeten: »Erzähl von Pippi Langstrumpf!«

Die Tochter hatte gut gewählt. »Pippi« bedeutet im Schwedischen so viel wie »Verrücktheit«. Und »Langstrumpf« ist eine Verballhornung von »Blaustrumpf« – einst Bezeichnung für gebildete Frauen, gar Schriftstellerinnen. »Nicht sollen Frauen Gedichte machen: / Sie sollen versuchen, Gedichte zu sein«, heißt es reichlich holprig in Oscar Blumenthals Gedicht »Blaustrümpfe« von 1887. Das Wort selbst geht auf das 18. Jahrhundert zurück. Einem Herrn, der sich die zur Abendgarderobe gehörigen schwarzen Seidenstrümpfe nicht leisten konnte, wurde im Londoner Salon von Lady Montagu gestattet, in blauen Garnstrümpfen zu erscheinen. Fortan wurden die Teilnehmer an solchen schöngeistigen, von Frauen einberufenen Partys »Blue-Stockings«, Blaustrümpfe, genannt.

Ein Vorbild für Astrid Lindgren war das Mädchenbuch *Anne of Green Gables* (1908) der Kanadierin Lucy Maud Montgomery. Es erzählt von einem ältlichen Geschwisterpaar, das einen Waisenjungen bei sich aufnehmen will, aber ein Mädchen geschickt bekommt: die elfjährige Anne Shirley, mit roten Haaren und Sommersprossen, die unablässig redet, nie um Einfälle verlegen ist und Wagemut, Intelligenz sowie ein heftiges Temperament besitzt. Montgomery hatte mit Anne einen neuen Mädchentyp geschaffen; mit Pippi Langstrumpf gewinnt er komödiantische und rebellische Züge.

Pippi Langstrumpf kam 1941 zu Welt. 1944 schrieb Astrid Lindgren die ersten Geschichten um Pippi auf. Der Verlag Bonnier, den die Autorin scherzhaft gebeten hatte, »nicht das Jugendamt zu alarmieren«, lehnte das Manuskript ab, 1945 gewann Lindgren damit den ersten Preis in einem Wettbewerb, und die Geschichten wurde veröffentlicht. Die erste deutsche Ausgabe erschien vier Jahre später. Buch und Titelheldin besaßen Sprengkraft, nicht nur in Pädagogenkreisen, die darin einen Angriff auf Autorität und den Ruf nach mehr Freiheiten für Kinder witterten – und damit gar nicht einmal unrecht hatten.

Astrid Lindgren, *an ihrer Schreibmaschine, 1991*

Schreiben, um zu leben; leben, um zu schreiben

Auf exzentrischen Bahnen

Exzentriker sind laut einschlägiger Definition »auffällige Sozialcharaktere«, die vom konventionellen Verhalten abweichen und eine Vorliebe für Überspanntheiten und Verfeinerung haben. Danach ist, wer sich lediglich anders als allgemein üblich verhält, noch lange kein Exzentriker; und in der Tat sprechen wir in diesem Fall von einem Außenseiter. Um zum Exzentriker zu werden, müssen ein Bewusstsein vom eigenen Außenseitertum und der unverhohlene Umgang damit hinzukommen: Der Exzentriker versteckt sein Außenseitertum nicht, sondern macht etwas daraus, stilisiert es zu einer ihm selbst jedenfalls gemäßen Lebensform. Nichtkonformes Verhalten plus Selbststilisierung – das ist die Lebensformel exzentrischer Persönlichkeiten.

Noch bis weit ins 20. Jahrhundert hinein waren Frauen als Schriftstellerinnen Außenseiter. Doch mehr und mehr gefiel ihnen dieser Part. Bewusst kultivierten sie Formen der Abweichung vom normalen Verhalten, suchten sich Rollen, in denen sie Spieler und Zuschauer zugleich sein konnten. Am Werk wie an der Person Anna Achmatowas ist zu sehen, dass Selbststilisierung und eine Poesie, die mit größter Aufrichtigkeit über das Leben spricht, sich keineswegs ausschließen. Schon die Wahl ihres Dichternamens – sie hieß ursprünglich Gorenko – war Arbeit an der eigenen Legende. Josef Brodsky, der sie persönlich kannte, hat es beschrieben: »Die fünf offenen ›A‹ in Anna Achmatowa hatten eine hypnotische Wirkung und verankerten die Trägerin dieses Namens im Alphabet der russischen Lyrik ganz obenan. Es war gewissermaßen ihre erste gelungene Zeile ...« Zur Selbststilisierung als Dichterin gehört etwa auch, den Eindruck der Hilflosigkeit gegenüber den irdischen Dingen des Lebens zu vermitteln – Ingeborg Bachmann brachte es darin zur Perfektion.

Exzentrische Lebensführung muss sich aber nicht auf eine abweichende Identität beschränken. Tania Blixen hatte nach ihrem afrikanischen Abenteuer, das im Desaster endete, entdeckt, dass die größte Falle im Leben die eigene Identität ist, egal ob eine zugeschriebene oder selbst gewählte. »Ich will nie mehr im Leben nur eine Person sein«, heißt es in ihrer Erzählung *Die Träumer*. Die Literatur ist ein großes Spiel mit Identitäten, auch und gerade der geschlechtlichen Identität. Virginia Woolf ist hier weitergegangen als andere, etwa in der Figur Orlando ihres gleichnamigen Romans: Orlandos Geschlecht wandelt sich im Laufe der Zeiten und im Verlauf der Geschichte; er bzw. sie reift schließlich zu einer selbstständigen Schriftstellerin des 20. Jahrhunderts, die männliche wie weibliche Eigenschaften in sich vereinigt. Hier werden Literatur und dichterische Existenz zu Formen, die exzentrisch auch zu den geläufigen Grenzen des Geschlechts stehen und mit ihnen spielen, statt ihnen sklavisch zu folgen.

Sidonie-Gabrielle Colette

1873–1954

Sie ist die einzige wirklich große Schriftstellerin in Frankreich, wirklich eine große Schriftstellerin«, stellte Simone de Beauvoir 1948 Colette ihrem amerikanischen Geliebten Nelson Algren vor: »Sie war einst eine wunderschöne Frau, tanzte in Music-Halls, schlief mit einer Menge Männern, schrieb pornografische Romane und dann gute Romane. Sie liebte die Natur, die Blumen, die Tiere und die Liebe und auch das allerkultivierteste Leben; sie schlief auch mit Frauen. Sie mochte gutes Essen und guten Wein, kurz alle guten Dinge des Lebens, und erzählte wunderbar davon. Jetzt ist sie 75 Jahre alt und hat immer noch die faszinierendsten Augen und ein reizendes dreieckiges Katzengesicht...« Die Begegnung mit Colette bedeutete ihr sehr viel; denn, wie sie Nelson Algren gesteht, »als junges Mädchen war ich durch ihre Bücher hindurch in sie verliebt«.

Sidonie-Gabrielle Colette ist in einem kleinen Dorf im Burgund aufgewachsen. Im Alter von zwanzig Jahren heiratete sie den doppelt so alten Sohn des Verlegers ihres Vaters, Henry Gauthier-Villars, der sich als Autor Willy nannte; das Paar bezog eine Wohnung in Paris. Als sie sich mit dreiunddreißig von ihrem Mann trennte, war Madame Willy entschlossen, sich ihren Lebensunterhalt selbst zu verdienen. Colette schlug sich durch, nicht nur als Schriftstellerin und Journalistin, sondern auch als Schauspielerin, Tänzerin, Nacktdarstellerin auf Varietébühnen mit den dazugehörigen Skandalen. Die Halbwelt der Music-Halls und der lesbische Salon Natalie Barneys waren ihr genauso vertraut wie der offizielle Kulturbetrieb. Selbst sah sie sich als »Vagabundin« – so auch der Titel ihres 1910 erschienenen, autobiografischen Romans –, als Herumstrolchende und Umherschweifende. Dennoch machte Colettes Mutter sich keine großen Sorgen um das Schicksal ihrer Tochter – schließlich habe sie ihre Sache nicht allein auf die Liebe gestellt. Alles, was Colette tat, tat sie mit einer Art unschuldigem Stolz und unbeirrbarer Professionalität, ohne je vollständig darin aufzugehen. *Geheimnisse des Fleisches* hat Judith Thurman völlig zu Recht ihre Biografie der Colette betitelt.

Dass man Colette und ihr Werk eher auf die leichte Schulter nahm (wogegen sie nichts einzuwenden hatte), mag auch an ihrer Liebe zum Trivialen liegen, die jeder tragischen Betrachtung des Lebens abhold ist. »Das Glück besteht darin, zu leben wie alle Welt und doch wie kein anderer zu sein«, hat Simone de Beauvoir gesagt. Daran gemessen hat Colette ein glückliches Leben geführt.

Colette, *undatierte Fotografie*

Miles Franklin

1879–1954

Sie war ein australisches Fräuleinwunder ihrer Zeit, ohne dass sich an die frühe Prominenz die ihr von Kritikern prophezeite große Schriftstellerkarriere anschloss. Das Fragezeichen, das sie im Titel ihres ersten, bereits im Alter von sechzehn Jahren verfassten autobiografischen Romans *My Brilliant Career* hinter das Adjektiv gesetzt hatte, war vom englischen Verleger entfernt worden; doch sollte die Autorin sich damit als hellsichtige Prophetin ihrer selbst erweisen. Dem ersten Buch folgte jahrzehntelang keine adäquate Veröffentlichung nach, und es blieb trotz seiner Unausgeglichenheit und des verstaubten Stils zeitlebens Franklins berühmtestes Werk.

My Brilliant Career erzählt die Selbstfindung einer Heranwachsenden, die dem Heiratsbegehren eines jungen, tugendhaften Gutsbesitzers erst mit großer Sprödigkeit begegnet, es später annimmt, als er sein Vermögen verliert und in die Welt hinauszieht, um es schließlich trotz der eigenen, äußerst bemitleidenswerten Situation zu widerrufen, als er gereift und schwerreich zurückkehrt. Entsprechend widersprüchlich ist die weibliche Hauptfigur Sybilla Penelope gezeichnet, die viele Züge der Autorin trägt: In ihrer undamenhaften und kratzbürstigen, zugleich liebesdurstigen, aufrichtigen und grüblerischen Art lädt sie bis heute insbesondere heranwachsende Frauen zur Identifikation ein.

Miles Franklin wanderte nach Chicago aus, wo sie für die staatliche Frauengewerkschaft arbeitete, siedelte 1915 nach London über, um dort als Krankenhausköchin und Journalistin ihr Geld zu verdienen, und legte ihr unstetes Leben erst ab, als sie 1932 mit dreiundfünfzig Jahren endgültig nach Australien zurückkehrte. Inzwischen hatte sie sich unter dem Pseudonym Brent of Bin Bin, das an australische Siedler und Viehzüchter erinnert, eine neue, nicht ganz so brillante, da anonyme Existenz als Autorin von Familienchroniken aufgebaut. Dass sich hinter dem Pseudonym die Autorin von *My Brilliant Career* verbarg, wurde erst nach dem Tod von Miles Franklin bekannt, die ihre immer noch anhaltende Popularität aus den Jugendtagen genutzt hatte, um für Brent of Bin Bin mit großem Erfolg die Werbetrommel zu rühren.

Miles Franklin, *Porträtaufnahme von 1902, State Library of North South Wales, Sydney*

Virginia Woolf

1882–1941

Ihr Leben verlief in Wellenbewegungen: das viktorianische Elternhaus, die freizügige Atmosphärc des Bloomsbury-Kreises, die Durchsetzung als Autorin, der Freitod mit neunundfünfzig Jahren. Darüber hinaus steht der Name Virginia Woolfs auch für eine außergewöhnliche Synthese von avantgardistischer Schriftstellerin, die das Innenleben des Menschen zum Sprechen bringt, und Verlegerin, die gemeinsam mit ihrem Mann Leonard die Bücher der literarischen Avantgarde veröffentlicht. *Jacob's Room* erschien im gleichen Jahr wie der *Ulysses* von James Joyce und *The Waste Land* von

T. S. Eliot und brachte den literarischen Durchbruch. Veröffentlicht wurde das Buch im eigenen Verlag der Woolfs, der Hogarth Press, in der anfangs Virginia als Lektorin und Setzerin und ihr Mann als Drucker und Geschäftsführer tätig waren. Die Hogarth Press machte Virginia Woolf als Schriftstellerin unabhängig. Sie konnte sich als die einzige Frau ihrer Zeit in England betrachten, »die frei ist zu schreiben, was ich will«.

Virginia Woolf war eine so herausragende Schriftstellerin nicht wegen, sondern *trotz* ihrer psychischen Erkrankung; denn diese hätte sich eingestellt, auch wenn sie nicht geschrieben hätte. Allerdings muss die Erfahrung des Schreibens für sie durchaus ambivalent gewesen sein. Virginia Woolf lebte in der ständigen Furcht, dass andere in ihrem Schreiben keinen Sinn erkennen könnten, dass man sie eher für verrückt als für brillant hielt.

Dennoch war sie eine gewitzte, unbestechliche und unermüdliche Beobachterin ihrer Zeit und des Lebens. Als Autorin setzte sie sich den Grenzerfahrungen, von denen ihre Krankheitsphasen geprägt waren, auch in ihrem literarischen Werk aus, das uns unschätzbare Einblicke in die Zerbrechlichkeit und Gefährdetheit der menschlichen Existenz gibt. Nichts war ihr wichtiger als die Unversehrtheit ihrer Wahrnehmung und die Integrität ihrer Kunst. Ihr von Krankheit, Angst und Leiden gezeichnetes Leben war keines der Unterdrückung, sondern das einer heldenhaften Frau, die ihrem Mann, bevor sie ihn für immer verließ, schrieb: »Ich glaube nicht, dass zwei Menschen glücklicher hätten sein können, als wir gewesen sind.«

Virginia Woolf, *undatierte Fotografie*

Tania Blixen

1885–1962

Alles im Leben sei ihr lieber, als Schriftstellerin zu sein. Das behauptete die junge Karen Christence Dinesen, Tochter eines Vaters aus dem Gutsherrenadel und einer Mutter aus dem Kopenhagener Großhandelsstand, und zählte ihre Präferenzen auf: »Reisen, Tanzen, Leben, die Freiheit, Bilder zu malen«. Zu diesem Zeitpunkt hatte sie unter dem Pseudonym »Osceola« bereits einige Novellen publiziert, in denen sich auch der Satz findet: »Jeder Mensch hat das Recht, sein Schicksal in eigener Macht zu bestimmen, unabhängig von den Gesetzen, die andere aufgestellt haben...« Die Verlobung mit Bror Frederik Baron von Blixen-Finecke bot ihr die Chance, dem »unendlich abgeschmackten Dasein« der reichen Tochter zu entfliehen – in die dunkel lockende Welt der Kikuyu, Massai und Somali des damaligen Protektorats Britisch-Ostafrika.

Das Abenteuer Afrika endete nach achtzehn Jahren mit der Zwangsversteigerung ihrer Kaffeefarm und der Liquidation der von ihr geleiteten Karen Coffee Co. Ltd. Es war ein Scheitern auf der ganzen Linie, zerbrochen auch die Ehe und die Liebesbeziehung mit Denys Finch Hatton. So geriet sie mit siebenundvierzig Jahren wieder in die Alimentierung durch die Familie, der sie in Wirklichkeit nie entronnen war.

Hannah Arendt hat diesen Nullpunkt der Existenz als den entscheidenden und unverzichtbaren Wendepunkt im Leben der Karen Blixen gedeutet: »Erst als sie verloren hatte, was ihr Leben gewesen war, ihr Heim in Afrika und ihren Geliebten, erst als sie als vollständiger ›Versager‹ nach Rungstedlund heimgekehrt war, mit nichts in den Händen als Trauer, Sorgen und Erinnerungen, wurde sie zu der Künstlerin, errang sie jenen ›Erfolg‹, den sie sonst niemals errungen hätte.« Die nun entstandenen Erzählungen und ihr die Wirklichkeit verklärender Bericht *Out of Africa,* die sie im Englischen als Isak Dinesen und in deutscher Sprache als Tania Blixen veröffentlichte und mit denen sie weltberühmt wurde, sind Zeugnisse einer »mythischen Kunstoptik auf das Leben«, wie Thomas Mann das nannte. Immer neue Facetten gewinnen sie jenem »Stirb und Werde« ab, das Karen Dinesen als das Muster der eigenen Existenz erfahren hatte.

Tania Blixen, *mit zahmer Eule, 1923*

Else Lasker-Schüler

1869–1945

Ich habe mir nie ein System gemacht, wie es kluge Frauen tun, nie eine Weltanschauung mir irgendwo befestigt, wie es noch klügere Männer tun, nicht eine Arche habe ich mir gezimmert. Ich bin ungebunden, überall liegt ein Wort von mir ... so war ich ja immer der Prinz von Theben.« Prinz Jussuf von Theben, Herrscher im neuen Reich der Kunst, war eine der zahlreichen Fantasiegestalten, in welche Else Lasker-Schüler als Dichterin schlüpfte. Nicht nur sich selbst, auch ihren Geliebten und Freunden, gab sie, in der Absicht, die

Wirklichkeit zu kostümieren, neue, märchenhafte Namen, damit, wie sie schrieb, »ein Spiel zustande kommt… Spielen ist alles«. So führte sie inmitten der Berliner Bohème ein exzentrisches, bewusst antibürgerliches Leben und hielt als orientalische Märchenprinzessin Hof im Romanischen Café, gehuldigt von den Größen des Expressionismus, zu denen sie selbst zählte. Ihre Lyrik und auch ihre Prosa besitzen einen stark dialogischen Gestus, viele ihrer Gedichte sind Freunden nicht nur gewidmet, sondern reden sie auch bei ihrem Märchennamen an. Manche ahnten, dass sich hinter ihrer kapriziösen Unbekümmertheit und mystischen Verschwärmtheit das Gefühl einer Leere verbarg: »Ich bin die letzte Nuance der Verlassenheit, es kommt nichts mehr danach«, schrieb die Dreiundvierzigjährige nach der Trennung von ihrem zweiten Ehemann Herwarth Walden, dem Herausgeber der Zeitschrift *Der Sturm*.

Auf einer unkonventionellen Bahn verlief das Leben der Lebenskünstlerin Else Lasker-Schüler aber nicht nur, weil es durch expressionistisches Gelände führte und stets auf der Suche nach vergessenen, höheren Wirklichkeiten war. Im Mai 1933 landeten ihre Bücher auf dem Scheiterhaufen, und die jüdische Dichterin floh vor den Nationalsozialisten in die Schweiz. Mehrmals reiste sie von dort nach Jerusalem, und 1939 konnte sie aufgrund des Kriegsausbruchs nicht mehr zurück nach Zürich. In Jerusalem erschien ihre letzte Lyriksammlung, *Mein blaues Klavier*, ein Abgesang auf »vergessene goldene Legenden«, gedichtet »mit spätem, versunkenem Herzen«, wie es in der Nachschrift heißt: »1000 und 2-jährig, dem Märchen über den Kopf gewachsen«.

Else Lasker-Schüler, *Brautbild, Porträtaufnahme, 1893*

Anna Achmatowa

1889–1966

Sie wollte keine »poetesse« sein. Anna Achmatowa, wie sich Anna Andrejewna Gorenko nach einer tatarischen Großmutter nannte, war der Star der Akmeisten, die vor 1914 in der russischen Dichtung Verständlichkeit zurückgewinnen wollten. Sie orientierten sich nicht mehr wie die Symbolisten an der Musik, sondern favorisierten Architektur und Malerei. Der russisch-jüdische Maler und Buchgestalter Natan Altman hat die Dichterin porträtiert und dabei kubistische Elemente in das Bild einfließen lassen; auch der berühmte Amedeo Modigliani hat während eines Parisaufenthalts der jungen, frisch verheirateten Dichterin einen Zyklus von Achmatowa-Zeichnungen geschaffen. Nähergekommen waren die beiden sich wohl über die gemeinsame Verehrung der Poesie Paul Verlaines.

In den Jahren nach 1910 gab es in St. Petersburg einen regelrechten Achmatowa-Kult: Ihre Anhänger, denen sie als Inbegriff der modernen jungen Frau galt, ahmten die Dichterin bis in Gesten, Stimme und Kleidung nach. Im nachrevolutionären Russland hingegen geriet sie mehr und mehr in die Rolle der Außenseiterin, deren Verse noch 1946 von Shdanow als »Poesie der wildgewordenen Salondame« denunziert wurden, »die sich zwischen Boudoir und Betstuhl bewegt«. Neben ihrer Kraft und Härte hoben die Zeitgenossen immer wieder ihre Unbehaustheit hervor: Ohne eigene Wohnung, von Freunden aufgenommen, lediglich einen kleinen Koffer mit Manuskripten bei sich, im Besitz weniger Bücher – das Wichtigste kannte sie auswendig: *Gilgamesch*, Dante, Puschkin, Dostojewskij, Eliot –, hatte sie sich aufs Überleben unter widrigsten Bedingungen eingestellt, zu denen auch jahrzehntelanges Publikationsverbot zählte. So losgesagt »von jedem irdischen Nutzen«, verstand sie sich letztlich als »Gast im Leben«, das nichts weiter ist als »Gewohnheit«. Doch eines blieb, und davon handelte ihr in den letzten Lebensjahren entstandenes Gedicht *Letzte Rose*:

»Herr, du siehst, es ist mir so zuwider
Auferstehung, Leben und der Tod.
Nimm mir alles, aber lass mich wieder
Fühlen diese Rose, frisch und rot.«

Anna Achmatowa, *Gemälde von N.I. Altman, 1914*

Erika Mann

1905–1969

Glaubt man dem Vater, der in seiner Erzählung *Unordnung und frühes Leid* ein Konterfei seiner Erstgeborenen unterbrachte, so war die jugendliche Erika Mann imstande, »mit hoher, schwankender, ordinär zwitschernder Stimme vorzugeben, daß sie ein Ladenfräulein ist, welches ein uneheliches Kind besitzt, einen Sohn, der sadistisch veranlagt ist und neulich auf dem Lande eine Kuh so unbeschreiblich gemartert hat, daß es für einen Christenmenschen kaum anzusehen ist«. Erika Mann wurde also zunächst Schauspielerin; mit den frühen Stücken des Bruders Klaus ging sie auf Tournee, Regie führte Gustaf Gründgens, mit dem sie kurze Zeit verheiratet war. Sie heiratete später noch einen zweiten homosexuellen Künstler, den Dichter W. H. Auden, aber nur, um britische Staatsbürgerin zu werden. Auch sie selbst fühlte sich eher zum eigenen Geschlecht hingezogen.

1928 begann sie zu schreiben, Glossen und Feuilletons; im Jahr darauf erschien *Rundherum*, das gemeinsam mit ihrem Bruder Klaus geschriebene Buch ihrer Weltreise. Es folgten unter anderem Kinderbücher und Texte für die Programme ihres zeitkritischen Kabaretts »Die Pfeffermühle«, das im Januar 1933 in München eröffnet wurde und ab März in Zürich weiterspielte.

Seit Kurzem gebe es einen neuen Typ von Schriftstellern, notierte Erika Mann 1931, der ihr für den Augenblick der aussichtsreichste scheine: »Die Frau, die Reportage macht, in Aufsätzen, Theaterstücken, Romanen. Sie bekennt nicht, sie schreibt sich nicht die Seele aus dem Leib, ihr eigenes Schicksal steht still beiseite, die Frau berichtet, anstatt zu beichten.« Erika Mann erging es wie vielen anderen dieser Zeit, denen die Machtübernahme der Nazis eine Wendung zum politischen Denken abforderte, das ihnen eigentlich fremd war. In den USA, wohin die Familie Mann emigriert war, sehen wir sie auf Vortragsreisen, als Berichterstatterin über Deutschland, schließlich als Kriegsreporterin und Beobachterin der Nürnberger Prozesse. Bald nach dem Krieg und dem Freitod des Bruders Klaus begann die lange, über den Tod des Vaters hinaus andauernde Phase der Beschäftigung mit dessen Leben und Werk.

Erika Mann, *Porträtaufnahme, um 1930*

Sylvia Plath

1932–1963

Ein bedeutendes Beispiel für eine moderne Schriftstellerin mit einem zerrissenen Bewusstsein, die weniger an der Bedrängnis der sozialen Verhältnisse als an ihrer unbedingten Suche nach Authentizität scheitert, ist Sylvia Plath. Sie war ein literarisches Wunderkind, dem früh Anerkennung in Gestalt von Stipendien und Veröffentlichungen gezollt wurde; ihr schmales Œuvre – vor allem Lyrik, einige Erzählungen, ein autobiografischer Roman, der kurz vor ihrem Freitod im Alter von dreißig Jahren erschien, und natürlich das Tagebuch – gehört in den Umkreis der *confessional poetry*, der Dichtung als Beichte, welche die dunklen Seiten der Existenz enthüllt. Auch wenn sie aus provinziellen (amerikanischen Vorstadt-)Verhältnissen stammt, ist ihr Drama kein Drama der sozialen Verhältnisse mehr, der Enge des Milieus und der fehlenden Anerkennung durch die Gesellschaft. Genauso wenig ist es aber nur ein Drama der Beziehungen, wie eine psychoanalytisch geschulte Fangemeinde, die sie zur literarischen Ikone der Frauenbewegung erhob, schnell mutmaßte. Das Drama von Sylvia Plath lässt sich nicht allein aus dem frühen Tod des Vaters, einer ambivalenten Mutterfixierung und einem Dichter-Ehemann, der sie mit zwei kleinen Kindern sitzenließ, erklären. Es ist in der Hauptsache ein Drama des Bewusstseins als Schriftstellerin; Ted Hughes, ihr Ehemann, hat das erkannt, wenn in seinen Worten auch einiges an nachträglicher Verklärung mitschwingen mag. Jahre nach ihrem Tod schrieb er im Vorwort der nun der Öffentlichkeit zugänglich gemachten Tagebücher: »Etwas an ihr erinnerte an das, was man über islamische fanatische Gottesverehrer liest – eine starke Sehnsucht danach, aus allem eine äußerste Intensität zu gewinnen, irgendeine Art der Verbindung einzugehen mit dem Geist oder der Wirklichkeit oder der Intensität selbst. Darin hatte sie etwas Gewalttätiges, etwas sehr Ursprüngliches, vielleicht sehr Weibliches, die Bereitschaft, die Notwendigkeit sogar, alles der Neugeburt zu opfern.«

Sylvia Plath, *undatierte Fotografie*

Elsa Morante

1918–1985

Ihre vier Romane umspannen ein ganzes Jahrhundert: *Lüge und Zauberei* (1948) erzählt von der Sucht nach Selbstverzauberung und beleuchtet die Zeit der Wende vom 19. zum 20. Jahrhundert. *Arturos Insel* (1957) berichtet über den schmerzhaften Abschied von einer paradiesischen Kindheit und Jugend und spielt in den Zwanziger- und Dreißigerjahren; *La Storia* (1974) ist eine Abrechnung mit dem Zweiten Weltkrieg und schildert den Alltag unschuldiger Frauen, Kinder und Tiere, die der Gewalt der Geschichte ausgeliefert sind; *Aracoeli* (1982) schließlich spielt in der Nachkriegszeit und handelt von einem Sohn auf der Suche nach dem Geheimnis seiner andalusischen Mutter, über deren wilde Lebensgier sich die zivilen Umgangsformen nur wie ein dünner, brüchiger Firnis gelegt haben.

Im Zentrum jeder Geschichte steht die Krise eines heranwachsenden jungen Menschen, der die Adoleszenz als Zurückweisung und Desillusionierung, als Vertreibung aus dem Paradies und Inbesitznahme des Lebens durch den Tod erfährt. Elsa Morante hat auf diese Urszene ihres Schreibens selbst aufmerksam gemacht: »Der Übergang von der Fantasie zum Bewusstsein (von der Jugend zur Reife) bedeutet für alle eine tragische und grundlegende Erfahrung. Für mich wurde diese Erfahrung durch den Krieg vorgezogen und dargestellt: da bin ich, verfrüht und mit ruinöser Gewalt, der Reife begegnet.« Ihre Romane gleichen Träumen, wie sie in ihrem 1938 entstandenen *Traumtagebuch* notiert hat: einer um die Kraft der Einbildung bereicherten Überführung unseres Lebens in eine andere Wirklichkeit.

Bereits in diesem Tagebuch schiebt sich vor das Bild des Schriftstellers Alberto Moravia, den sie 1936 kennenlernte und mit dem sie bis 1962 zusammenlebte, immer wieder das Bild der Mutter: Weibliche Großmut steht gegen männlichen Egoismus. Elsa Morante antwortete auf ihre verletzte Identität als Frau mit einer archetypischen Vorstellung von Weiblichkeit. Ihre Literatur zeigt sie uns noch einmal in ihrer ganzen Ambivalenz: als tröstliche, Kinder und Tiere umgreifende Solidarität wie als bedrohliche, nicht zu bändigende Wildheit.

Elsa Morante, *undatierte Fotografie mit Katze*

Schreiben als Widerstand
Von der Tapferkeit

»Manchmal graut mir vor dem Krieg, und alle Hoffnung auf eine bessere Zukunft will mir vergehen. Ich mag gar nicht dran denken, aber es gibt ja bald nichts anderes mehr als Politik, und solange sie so verworren ist und böse, ist es feige, sich von ihr abzuwenden.« Diese Sätze schrieb die neunzehnjährige Sophie Scholl im April 1940. Dabei hat die Politik, die hier bei einer jungen Frau Engagement und bald darauf auch Widerstand provoziert, kaum noch etwas mit den bürgerlichen Angelegenheiten zu tun, die das Wort einmal meinte. Sie ist zur feindlichen Macht geworden, zum Verworrenen und Bösen, das jede Normalität des Lebens geradezu verbietet – es sei denn, man ist so feige und apathisch, wie es die jungen Leute von der Weißen Rose den Deutschen in ihrem zweiten Flugblatt vorwarfen: »Warum verhält sich das deutsche Volk angesichts all dieser scheußlichsten, menschenunwürdigsten Verbrechen so apathisch? Kaum irgendjemand macht sich Gedanken darüber. Die Tatsache wird als solche hingenommen und ad acta gelegt… Sollte dies ein Zeichen dafür sein, dass die Deutschen in ihren primitivsten menschlichen Gefühlen verroht sind, dass keine Saite in ihnen schrill aufschreit im Angesicht solcher Taten …?«

Man mag, was die Geschwister Scholl und ihre Mitstreiter taten, im Nachhinein als tollkühn empfinden. Wenn feige derjenige heißt, der sich von der Furcht überwältigen lässt und wegschaut bzw. davonläuft, so fürchtet der Tollkühne gar nichts und stürzt sich in jede Gefahr. Doch das taten Hans und Sophie Scholl gerade nicht. Sie waren sich der Gefahr, in die sie sich begaben, durchaus bewusst. Sie besaßen einen Begriff davon, was das Gute ist, und handelten um einer gerechten Sache willen. Kurz: Sie besaßen Tapferkeit. Und dass wir von dieser Tugend heute nur noch wenig halten (oder verstehen), sollte uns zu denken geben. Zivilcourage, die etwas höher im Kurs steht und deren Besitz zumeist damit verbunden wird, dass wir helfen, statt lediglich zuzuschauen, ist nämlich im Ernstfall – dann, wenn die bürgerlichen Angelegenheiten auf dem Spiel stehen – wenig wert ohne Tapferkeit.

Wahrscheinlich hat der Kursverfall der Tapferkeit, die immerhin neben der Klugheit, Gerechtigkeit und Mäßigung zu den vier Kardinaltugenden zählt, damit zu tun, dass sie schon in der Antike als männliche Tugend galt. Nicht nur die Gefühle, auch die Tugenden sind durch unser Geschlecht geprägt, allerdings nicht in einer ein für alle Mal festgelegten Weise. Als typisch weibliche Tugend gilt traditionell die Sanftmut. Doch was richtet sie aus, wenn die Tapferkeit fehlt und es etwa um die Verteidigung der Rechte der Frau, gar des Menschen geht? Mary Wollstonecraft zum Beispiel sah in der Tapferkeit die subjektive Voraussetzung dafür, das »angeborene Recht der Freiheit« durchzusetzen. Gewinnen lässt sich die Freiheit nämlich nur, wenn man sie einsetzt – und das bleibt allemal gefährlich.

Irène Némirovsky

1903–1942

Es kommt selten vor, dass Verleger von Manuskripten so begeistert sind, dass die Veröffentlichung augenblicklich feststeht. Dem Pariser Verleger Bernard Grasset erging es 1929 so, als er den Roman *David Golder* anonym zugeschickt bekam. Wer war der Autor dieser desillusionierenden Geschichte über einen Mann der Hochfinanz, der erleben muss, wie der Zusammenbruch seines Vermögens auch seinen gesellschaftlichen Einfluss und die Zuneigung seiner Familie und Freunde unter sich begräbt? – Grasset gab eine Anzeige auf, in der er den Verfasser bat, sich zu erkennen zu geben.

Sehr überrascht war er, als sich ihm wenige Tage später die gerade sechsundzwanzigjährige Irène Némirovsky als Autorin vorstellte. Sie lebte erst seit zehn Jahren in Frankreich, wo sich die Familie auf der Flucht vor der russischen Oktoberrevolution niedergelassen hatte. Irène war trotz aller Gouvernanten ein von ihren auf großem Fuß lebenden Eltern vernachlässigtes Kind. So las sie viel und begann schon in ihrem vierzehnten Lebensjahr zu schreiben.

Nach der Besetzung Frankreichs durch die Deutschen erhielten Irène Némirovsky und ihr Mann Michel Epstein, ebenfalls ein gebürtiger Russe, als Juden und Ausländer Berufsverbot. Obwohl sie als Autorin sehr bekannt war, hatte Irène nie die französische Staatsbürgerschaft erhalten. Ihre beiden Töchter hatte das Paar im Herbst 1939 in einer burgundischen Kleinstadt in Sicherheit gebracht; 1941 siedelte es ganz zu ihnen über. Im Jahr zuvor hatte Irène einen neuen Roman begonnen, der auf tausend Seiten angelegt war und ein schonungsloses Sittengemälde des französischen Alltags unter der Besatzung werden sollte: *Suite française*. Die beiden ersten Teile, *Sturm im Juni* und *Dolce*, konnte sie noch abschließen. Am 13. Juli 1942 wurde sie jedoch verhaftet und nach Auschwitz deportiert, wo sie wenige Wochen später starb. Unter Erinnerungsstücken in einem Koffer verwahrt, begleitete das Manuskript ihre beiden Töchter auf der Flucht quer durch Frankreich. Erst Jahrzehnte später entdeckte Denise, dass es sich nicht lediglich um Notizen, sondern um das Opus magnum ihrer Mutter handelte. 2004 wurde *Suite française* in Frankreich veröffentlicht und ein sensationeller Erfolg.

Irène Némirovsky, *Porträtaufnahme, 1933*

Anne Frank

1929–1945

Im Amsterdamer Hinterhausversteck führte zwischen Juni 1942 und August 1944 ein jüdisches Mädchen Tagebuch – von ihrem dreizehnten Geburtstag bis zur Entdeckung und Verschleppung ins Konzentrationslager. Das Tagebuch wurde ihr zur Freundin, die sie Kitty nannte und an die sie in Briefform schrieb. »Wird es nicht Jahre nach dem Krieg… unglaublich erscheinen, wenn wir erzählen, wie wir Juden hier gelebt, gesprochen, gegessen haben?«, fragt sie Kitty einmal. Der Schriftsteller Ernst Schnabel hat darauf mit einer Gegenfrage reagiert: »Ist es nicht unglaublicher, daß… sie das Kind umbrachten, während wir lebten und sprachen und aßen,… und dazu noch sechs Millionen andere, und wir wußten es, aber schwiegen dazu, oder wußten es nicht und glaubten nicht, was wir wußten, und jetzt leben und essen und sprechen wir weiter?«

Anne Frank, *Porträtaufnahme, um 1940*

Sophie Scholl

1921–1943

Sie war keine Schriftstellerin. Sie hat Liebesbriefe geschrieben, Tagebuch geführt, Kurzgeschichten verfasst – man möchte beinahe sagen, was junge Frauen ihrer Zeit eben so taten, um ihren Gefühlen und Vorstellungen vom Leben Ausdruck zu verleihen. Nur war, als ihr letzter Brief den bei Stalingrad verwundeten Freund in einem Lazarett erreichte, an ihr bereits das Todesurteil vollstreckt worden. Gerade einmal vier Tage vergingen zwischen der Festnahme und ihrer Hinrichtung, vier lange Tage, an denen sie endlosen Verhören standzuhalten hatte. Sophie Scholl war nämlich doch eine Schriftstellerin: Sie hat Flugblätter verfasst und verteilt, in denen etwa stand: »Jedes Wort, das aus Hitlers Mund kommt, ist Lüge.« Und: »Wenn viele mitmachen, dann kann in einer letzten gewaltigen Anstrengung dieses System abgeschüttelt werden.«

Sophie Scholl, *undatierte Fotografie*

Paris – New York

Die Erfindung des Lebens

Während ich diese Zeilen schreibe, sitze ich in einem winzigen Zimmer in Paris, auf einem Korbstuhl, an einem Schreibmaschinentisch, vor einem Fenster, das auf einen Garten hinausgeht … Dass ich nun seit über einem Jahr in diesem kleinen, kahlen Quartier lebe und arbeite …, entspricht zweifellos irgendeinem Bedürfnis nach Einfachheit, nach einer zeitweiligen Klausur, nach einem neuen Anfang mit möglichst Wenigem, auf das man zurückgreifen könnte.« Als sich die schon als Kritikerin über Amerika hinaus berühmt gewordene Susan Sontag Anfang der Siebzigerjahre in ein kleines Pariser Zimmer zurückzog, um ihre eigene Stimme als Schriftstellerin zu entdecken, war dies nicht ihr erster Versuch eines Neuanfangs: Bereits mit sechsundzwanzig Jahren war die Absolventin renommierter Universitäten frisch geschieden, ihr Kind an der Hand, mit wenig Gepäck und noch weniger Dollar in der Tasche in New York eingetroffen, um sich in der Metropole der Popkultur einen Namen zu machen.

New York und Paris – das war keine zufällige Wahl. Dabei war Susan Sontag durchaus bewusst, dass der Literatentraum von Paris dabei war, nur noch Legende zu sein. Historisch entfernt lag das Paris der verlorenen Generation, wie Gertrude Stein, eine der ersten »Expatriates«, die Gruppe der amerikanischen Schriftsteller genannt hatte, die sich während und nach dem Ersten Weltkrieg dorthin flüchteten; gerade wiederentdeckt wurde das Paris der Frauen vom linken Ufer mit dem lesbischen Salon der amerikanischen Milliardärin Natalie Barney; beinahe schon vergessen dagegen war das Paris der Surrealisten um André Breton; zeitlich noch am nächsten schien das existenzialistische Paris der Vierziger- und Fünfzigerjahre mit Camus, Sartre, Simone de Beauvoir, Boris Vian, Juliette Gréco.

Was machte New York, was machte Paris so attraktiv für schreibende Frauen (und Männer), die auf der Suche nach der ihnen gemäßen Existenzform waren? Viele von ihnen strebten fort aus der Enge ihrer provinziellen Herkunft oder einer bürgerlichen Ehe, rebellierten gegen überkommene Verhaltensmuster, wollten einen Bruch mit ihrer Vergangenheit herbeiführen – und fanden im urbanen New Yorker oder Pariser Milieu Gleichgesinnte und Experimentierbühnen, auf denen sich neue Lebensweisen ausprobieren ließen. Viele, darunter auch Anaïs Nin, haben die elektrisierende Atmosphäre beschrieben, die dort unter den Künstlern herrschte, für die nicht Herkunft und Zukunft, sondern die abenteuerliche Gegenwart zählte. New York und Paris sind auch deshalb zu mythischen Schauplätzen geworden, weil dort, ohne Ansicht des Geschlechts, alles möglich zu sein schien, sogar sein Leben neu zu erfinden und, jedenfalls für eine kurze Dauer, den Traum in Erfüllung gehen zu lassen, sich selbst zu erschaffen und eine nur den eigenen Wünschen gehorchende Existenz zu führen.

Dorothy Parker

1893–1967

Kritiker sprachen von ihr als »the wittiest woman in America«: In Dorothy Parker begegnen wir einer modernen, zu Boshaftigkeit neigenden Form jenes weiblichen Witzes und Scharfsinns, der bereits Jane Austen und ihre Heldinnen auszeichnete. Berühmt wurde Dorothy Parker durch ihre bissigen Bonmots als Mitglied des »Vicious Circle«, einer Literatenrunde, die sich in den Zwanzigerjahren im New Yorker Algonquin Hotel traf. Diese Art Schlagfertigkeit trug ihr die

Bezeichnung »Smartcracker« ein; doch zu Recht verwahrte sie sich dagegen, der aufkommenden Spezies der Quatsch-Künstler zugeschlagen zu werden, die ad hoc witzige Bemerkungen zu Tagesereignissen vom Stapel lassen. Witz kam für sie von Wissen und hatte mit Kritik an schlechter Gesellschaft zu tun. Ihre Ehe mit einem Börsenmakler, der das Trinken noch mehr liebte als sie, »hat nur fünf Minuten gedauert«. Ihren zweiten Mann, den Schauspieler und Drehbuchautor Alan Campbell, mit dem sie auch zusammenarbeitete, heiratete sie gleich zweimal, und zweimal wurde das Paar auch geschieden. Depressionen und Alkoholismus führten zu mehreren Selbstmordversuchen. Mit dreiundsiebzig Jahren starb Dorothy Parker vereinsamt in einem New Yorker Hotel.

Ihre Laufbahn als Schriftstellerin begann sie als Texterin von Bildunterschriften für *Vogue*; es folgten Theaterkritiken für *Vanity Fair*. 1925 wurde sie eine der ersten Autoren des *New Yorker*, wo sie das Ressort »Literaturkritik« übernahm und bis 1933 ihre eigene Kolumne unter dem Titel »The Constant Reader« hatte. Dorothy Parker schrieb Gedichte – ihr erster Gedichtband *Enough Rope* (1926) wurde ein Bestseller –, Dramen, Drehbücher und vor allem ihre berühmten Short Storys. Ihr großes Thema waren die konventionellen Geschlechterrollen und ihre Folgen: das Abschnüren von Lebensmöglichkeiten und die Vernichtung von Existenzen. Sie schrieb über Nachtschwärmer, Müßiggänger, Unbehauste, verzweifelt Liebende. Ihre Geschichten sind, wie der Titel ihres ersten, 1930 erschienenen Erzählungsbandes lautete, *Laments for the Living*, Klagen um die Verlorenen, geschrieben für die Überlebenden.

Dorothy Parker, *an ihrer Schreibmaschine im November 1941*

Carson McCullers

1917–1967

Der Tod des Menschen bleibt sich immer gleich, doch jeder Mensch stirbt seinen eigenen Tod«, lautet der erste Satz von Carson McCullers letztem Roman *Uhr ohne Zeiger*. Der Apotheker Malone, der den gleichen Namen wie eine Figur von Beckett trägt – *Malone stirbt* erschien 1951, *Uhr ohne Zeiger* zehn Jahre später –, bekommt von seinem Arzt mitgeteilt, dass er nur noch ein Jahr zu leben habe. Wie ergeht es dem Apotheker, der ein ganz gewöhnlicher Mensch ist, angesichts des angekündigten Todes? Er erfährt die Zeit nun nicht mehr als das, was die Uhren messen, sondern als Frist. Das führt ihn weg von seiner Frau, seinen Nachbarn, deren Reaktion in der Verdrängung des Sterbens besteht. Die Isolation des Menschen ist das große Thema von Carson McCullers; hier, in ihrem letzten Buch, wird sie zur Chance, der Bestimmung durch die anderen zu entkommen. Ihre früheren Helden, zumeist sozial Diskriminierte, waren Rebellen aus guten Gründen, aber ohne Fortune; ihr vergebliches Aufbegehren verschaffte Romanen wie *Das Herz ist ein einsamer Jäger* eine Atmosphäre der Ausweglosigkeit. »Die größte Gefahr – sein Ich zu verlieren – kann sich so still vollziehen, als wäre es nichts«, hat Kierkegaard geschrieben, und Carson McCullers lässt es nun ihren Malone lesen und danach handeln.

Vor Carson McCullers hatte es in der amerikanischen Literatur schon eine Uhr ohne Zeiger gegeben. In einer Erzählung von William Faulkner reißt eine verbitterte Frau, nachdem sie einen Schlaganfall erlitten hat, ihrer Uhr buchstäblich die Zeiger aus. Carson McCullers hatte 1941, vierundzwanzigjährig, ihren ersten Schlaganfall hinnehmen müssen; sechs Jahre später folgten weitere mit halbseitigen Lähmungserscheinungen, Operationen blieben erfolglos, in ihren letzten Lebensjahren war sie ans Bett gefesselt. Häufig zweifelte sie daran, *Uhr ohne Zeiger* noch vollenden zu können. Dennoch plante Carson McCullers in ihrem letzten Lebensjahr eine Studie über Menschen, die »über Widrigkeiten triumphiert« hatten. Sie, die einst vom raschen Erfolg verwöhnt worden war, dann aber ihr Werk der Krankheit und Einsamkeit abringen musste, hätte darin einen Ehrenplatz verdient gehabt.

Carson McCullers, *Fotografie von 1959*

Marguerite Yourcenar

1903–1987

Marguerite Yourcenar war die erste Frau, die 1980 in die Académie française gewählt wurde – nicht ohne gehörigen Widerstand. Ein Gegner der Kandidatin war Claude Lévi-Strauss. »Man ändert nicht die Stammesregeln«, soll seine, einem Vertreter des Strukturalismus würdige Begründung gelautet haben. Es war ihr Geschlecht und nicht ihre Staatsangehörigkeit, die den Unsterblichen Kopfschmerzen bereitete. Die Tochter einer belgischen Mutter und eines französischen Vaters, des Dandys und Abenteurers Michel de

Crayencour, war 1947 amerikanische Staatsbürgerin geworden. Seit Ausbruch des Zweiten Weltkriegs lebte sie mit ihrer Geliebten Grace Frick in einem Bauernhaus vor der neuenglischen Küste. Das französische Justizministerium sorgte für eine Ausnahmegenehmigung, ohne dass Marguerite Yourcenar jemals wieder Wohnsitz in Frankreich nahm.

Ihr zu Recht berühmtestes Werk sind die *Erinnerungen des Kaisers Hadrian*, »von einer bis zur Vexation gehenden Echtheit der Fiktion« und wissenschaftlich »gewaltig fundiert«, wie Thomas Mann 1953 nach Erscheinen der deutschen Ausgabe begeistert urteilte. Der durch viele, teilweise vernichtete Entwürfe durchgehaltene Plan, den Weltenwanderer Hadrian sagen zu lassen, was er als Mensch des zweiten Jahrhunderts als Fazit seines Lebens hätte sagen können, geht auf einen Besuch zurück, den die Autorin der Villa Adriana bei Rom als Zwanzigjährige abgestattet hatte. Hinzu kam ein »unvergesslicher Satz« von Flaubert: »Als es die Götter nicht mehr gab und Christus noch nicht, war zwischen Cicero und Marc Aurel ein einmaliger Augenblick entstanden, in dem der Mensch für sich existierte.« Ein großer Teil ihres Lebens, so die Autorin, »sollte in dem Bemühen vergehen, diesen allein gelassenen und doch allem verbundenen Menschen zu bestimmen und ihm dann Farbe zu verleihen.« In immer neuen Anläufen versuchte sie, der Grundstimmung eines Lebens Ausdruck zu geben, das sich weder dem Weltschema des Mythos noch der Tröstung der christlichen Religion anvertraut. Es gibt kaum ein Vorhaben, das zeitgemäßer und für unser nachmythisches und nachreligiöses Bild vom Menschen bedeutsamer wäre.

Marguerite Yourcenar, *aufgenommen in den 1980er-Jahren*

Anaïs Nin

1903–1977

Die Veröffentlichung von Anaïs Nins *Tagebüchern* aus dem Paris der Dreißigerjahre erfolgte eine ganze Generation später in der Neuen Welt, in die die Autorin kurz vor Ausbruch des Zweiten Weltkriegs zurückgekehrt war. Sie fiel in die Phase des Aufbruchs zu einem neuen, nonkonformistischen Lebensstil: Kampf um Selbstverwirklichung, Überwindung männlicher Rationalität und sexuelle Befreiung waren die Schlagworte der Stunde. Und Anaïs Nins Tagebuch, vom Herausgeber als Logbuch einer Reise durch die Labyrinthe des

Ichs vermarktet, war ein Spiegel, in dem sich viele wiedererkennen konnten, die sich auf die Suche nach neuen Lebensformen begeben hatten.

Sowohl Henry Miller als auch seine Frau June spielen in Anaïs Nins *Tagebüchern* eine zentrale Rolle – mit beiden hatte die Autorin eine leidenschaftliche Affäre. Miller stellte die Tagebücher in eine Reihe mit den »Offenbarungen des Augustinus, Petronius, Abaelard, Rousseau, Proust und anderen« und hatte schon 1937 den entscheidenden Hinweis gegeben, wie sie zu lesen seien: als »Ausdruck des Kampfes um Freiheit und einer zwingenden Suche nach Wahrheit«.

Die zu Anaïs Nins Lebzeiten veröffentlichten Aufzeichnungen setzen mit Bedacht erst 1931 ein. Es war das Jahr der Begegnung mit Miller, mit der sich das dokumentierte Innenleben zum Sinnenleben wandelte. Die Aufzeichnungen sind für die Publikation umgearbeitet worden und geben ein, gelinde gesagt, unvollständiges Bild von Anaïs Nins Pariser Leben. Der Leser muss glauben, hier schriebe eine Frau, die ganz auf sich gestellt ihren Weg geht. In Wirklichkeit wohnte sie mit ihrem Mann Hugo zusammen, der für beider Lebensunterhalt aufkam und von dem unkonventionellen Lebenswandel seiner Frau nichts ahnte. Später lebte sie mit ihm in New York und begründete ihre zahlreichen Aufenthalte in Kalifornien mit dem Wunsch, in Ruhe schreiben zu können. Dort erwartete sie der siebzehn Jahre jüngere Robert Pole, der wiederum von ihrem Ehemann nichts wusste. Das Mitleid mit den betroffenen Männern mag sich in Grenzen halten; wohl aber höhlt diese Unaufrichtigkeit den Anspruch der Echtheit ihrer *Tagebücher* aus.

Anaïs Nin, *undatierte Fotografie*

Simone de Beauvoir

1908–1986

Simone de Beauvoir verstand es, in Kontrasten zu denken und ihre Position durch die Kritik der Existenzentwürfe anderer zu schärfen. So berichtete sie davon, Anaïs Nins *Tagebücher* mit gemischten Gefühlen gelesen zu haben. Zustimmung empfand sie bei dem Bemühen, sich selbst in der Vergangenheit wiederzuerkennen. »Peinlich« berührte sie hingegen Anaïs Nins »Narzissmus«: »Gegen ihre Auffassung von der Rolle der Frau sträubt sich alles in mir.«

Was hatte die Autorin von *Das andere Geschlecht* dem entgegenzusetzen? Anaïs Nin sah die vom Mann sowohl ersehnte als auch gefürchtete Naturnähe der Frau als ihre schöpferische Potenz. Simone de Beauvoir hielt dies für eine Mystifizierung. »Es geht für die Frau nicht darum, sich als Frau zu bestätigen«, heißt es in *Alles in allem*, dem abschließenden vierten Band ihrer bemerkenswerten Erinnerungen, »sondern als ›ganzes‹, ›vollständiges‹ menschliches Wesen anerkannt zu werden.« Dass ihr dies gelang – Seite an Seite mit Sartre, mit dem sie, trotz wiederholter Affären beider, eine unverbrüchliche Beziehung verband –, hatte viel mit rationaler, auf Dauerhaftigkeit angelegter Lebensführung zu tun. Auch deshalb lehnte sie Anaïs Nins Lebensentwurf des permanenten Normbruchs und der Selbstidealisierung ab. Leben war für sie »ein klar auf ein Ziel gerichtetes Unternehmen«; um dieses zu erreichen, war es nötig, der Wirklichkeit ins Auge zu sehen und sich deren Härte nicht zu verhehlen. Mit Bedacht wählte sie ihre Worte, insbesondere, wo es um den Kontrakt mit Sartre ging: »Ich habe sorgsam darüber gewacht, dass unsere Beziehungen sich nicht änderten, indem ich genau abwog, was von seiner oder meiner Seite ich zu akzeptieren oder abzulehnen hätte, um sie nur ja nicht in Frage zu stellen.« Sie wusste, dass sie keine virtuose Schriftstellerin wie etwa Virginia Woolf war, aber das, so meinte sie, lag auch nicht in ihrer Absicht. Maßstab und Thema war für sie das Bewusstsein der eigenen Gegenwart in der Welt: »Ich wollte mich existent machen für die anderen«, resümierte sie einmal ihr Leben als Schriftstellerin, »indem ich ihnen auf die unmittelbarste Weise mitteilte, wie ich mein eigenes Leben empfand: das ist mir in etwa geglückt.«

Simone de Beauvoir, *an ihrem Schreibtisch im November 1945*

Marguerite Duras

1914–1996

Marguerite Duras war eine Ausnahmeerscheinung unter den schreibenden Frauen des 20. Jahrhunderts auch deshalb, weil sie neben dem Roman gleichberechtigt den Film als Erzählmedium für sich entdeckte. Sie schrieb Drehbücher und Filmdialoge – berühmt geworden ist *Hiroshima mon amour* –, führte selbst Regie, etwa in *India Song* (1975) und *Le Camion* mit dem jungen Depardieu. Aus *Ganze Tage in den Bäumen* machte sie gleich ein Buch, ein Theaterstück und einen Film. Sie nutzte Merkmale des jeweils anderen Mediums, um einen suggestiven, magischen Erzählstil zu entwickeln. »Es geht nicht darum, etwas zu erreichen, es geht darum, aus dem Bestehenden auszubrechen« – dieser Satz enthält das anarchische Kontrastprogramm zur bürgerlichen Lebensführung.

Marguerite Duras, die mit achtzehn Vietnam den Rücken

Schöne
Bücher
für kluge
Frauen
ELISABETH SANDMANN
im insel taschenbuch

Von Damen mit grünen Daumen und großen Visionen

Ob Herrscherinnen, Aristokratinnen, Künstlerinnen, Schriftstellerinnen oder allgemein naturbegeisterte Damen mit grünem Daumen – sie alle trugen dazu bei, dass sich der Garten von einem Stück Erde, auf dem sich Essbares kultivieren lässt, in einen Ort der Entspannung, Inspiration und Passion verwandelt hat … Von Katharina de Medici, Sibylla Merian, Beatrix Potter, Vita Sackville-West, Beth Chatto, Gabriella Pape und vielen anderen.

»Eine reich illustrierte, amüsant zu lesende Kulturgeschichte.« BUNTE

Claudia Lanfranconi / Sabine Frank
DIE DAMEN MIT DEM GRÜNEN DAUMEN
Berühmte Gärtnerinnen
Mit zahlreichen farbigen Abb.
it 4222. 159 Seiten
€ 12,95 (D)/€ 13,40 (A)/Fr. 18.90
(978-3-458-35922-7)

kehrte und nach Frankreich ging, war mit dem Schriftsteller Robert Antelme verheiratet, der 1944 von der Gestapo verhaftet wurde und im Mai 1945 todkrank aus Buchenwald nach Paris zurückkam. Beide haben ihre Erinnerungen daran in einem Buch verarbeitet: Robert Antelme in *Das Menschengeschlecht* (1957), Marguerite Duras, die eigentlich Donnadieu hieß und sich nach dem Sterbeort ihres Vaters nannte, in *Der Schmerz* (1985).

Wie Tania Blixen und Anaïs Nin war auch Marguerite Duras besessen davon, auf dem Wege der Kunst aus ihrem Leben einen Mythos zu machen. Als sie fast siebzig Jahre alt war, ist ihr das perfekt gelungen: mit ihrem 1983 erschienenen Roman *Der Liebhaber* – einem Welterfolg. Noch einmal schlug sie den Bogen zurück zu ihrer Kindheit und Jugend in Vietnam, das damals französische Kolonie war und bei den Europäern nicht Erinnerungen an Krieg und Grauen weckte, sondern sich mit den Gedanken an Exotik und lockender Welt verband. Alle Elemente ihrer eigensinnigen Literatur sind im Buch versammelt: die Hassliebe zur Mutter, die Angst vor deren brutalem Sohn aus erster Ehe, die Nähe zum jüngeren Bruder und dessen Tod, die Sehnsüchte und Fluchtversuche des Kindes. Verschmolzen sind sie mit der Geschichte des vierzehnjährigen Mädchens und ihres älteren chinesischen Geliebten, deren Realitätsgehalt sich wohl darauf reduziert, dass Marguerite von ihrer verarmten Familie verkuppelt worden war, um an Bargeld zu kommen.

Die Literatur lässt die Zeit stillstehen und alles gegenwärtig werden – eine Wirkung vergleichbar der des Alkohols, dem Marguerite Duras verfallen war.

Marguerite Duras, *vor dem Petit Saint-Benoît in Paris, 1955*

Françoise Sagan

1935–2004

Françoise Sagan hat einmal gesagt, dass es beim Schreiben vor allem darauf ankomme, den richtigen Rhythmus und Ton zu finden. In *Bonjour Tristesse*, ihrem ersten und berühmtesten, 1954 veröffentlichten Roman, ist ihr dies auf wunderbare Weise gelungen. François Mauriac hat dem Buch der damals Achtzehnjährigen »eine unvergleichliche Schwingung, einen Puls, eine Seele, eine Vernehmlichkeit ohne jede Lautheit« bescheinigt. Der existenzialistische Ernst hat sich hier in ein bittersüßes Spiel von und mit Stimmungen verflüchtigt. Das hat etwas Zwingendes, dem das existenzialistische Lebensgefühl kaum entkommen konnte. In Stimmungen artikuliert sich Unverfügbares, eine Art unterste Schicht des Seelenlebens, die sich dem Denken weitgehend entzieht, aber von den Künsten von jeher angesprochen wird.

Die Titelformulierung entnahm die Autorin der Literatur – ebenso ihren Künstlernamen, auf den die großbürgerlichen Eltern bestanden hatten: Die Prinzessin Boson de Sagan ist eine Figur Marcel Prousts, »Bonjour Tristesse« die zweite Zeile aus dem Gedicht »Das unmittelbare Leben« von Paul Éluard, deren erste »Adieu Tristesse« lautet. Die Tristesse kommt und geht, sie lässt sich aus den Linien an der Zimmerdecke genauso wie aus den Augen des Geliebten herauslesen, doch ist sie keineswegs das Elend schlechthin, hat nichts von Verzweiflung. Im Gegenteil, sie überspielt den Schrecken und die Ungeheuerlichkeiten des menschlichen Lebens, wie Sagans Geschichte zeigt. Denn die von ihrem sanften Schmerz eingehüllte Hauptfigur, eine Siebzehnjährige, treibt immerhin einen Menschen in den Selbstmord. Sehr zur Verwunderung der Autorin löste jedoch nicht dieser Umstand, sondern die Thematisierung vorehelicher Sexualität den Skandal aus, der das Buch auf die Bestsellerlisten brachte. Dennoch greift es zu kurz, darin den Grund für seinen Erfolg zu suchen. Vielmehr ist es Françoise Sagan gelungen, einer historischen Stimmung, der sich in den Jahren nach dem Zweiten Weltkrieg niemand so leicht entziehen konnte, Ausdruck zu verleihen: der Tristesse der vielen, die dem Schrecken entronnen waren und nun mit der Lebenslüge lebten, nur Zuschauer und nicht Mitverantwortliche gewesen zu sein.

Françoise Sagan, *bei ihrem Verleger René Juillard, 1955*

Liebe und Kunst sind international

Weibliche Stimmen der Weltliteratur

Liebe ist international«, heißt es an einer zentralen Stelle in Doris Lessings berühmtem Roman *Das goldene Notizbuch*. Die dort mit einem Lachen quittierte Einsicht zieht eine andere nach sich, dass nämlich dem Künstler eine neue Aufgabe zugewachsen ist. Die Hauptfigur des Romans ist eine Schriftstellerin, deren Schaffenskraft gelähmt ist, weil sie eine tiefe Unzulänglichkeit empfindet, als winziges, zerbrechliches Individuum auf die überwältigenden Herausforderungen des Krieges, der Krankheit und der Umweltzerstörung eine literarische Antwort zu finden. Der Künstler als »monströs isoliertes, monströs narzisstisches, auf einen Sockel erhobenes« Wesen hilft in dieser Situation nicht weiter. Wohl aber eine andere, weniger angestrengte, weniger selbstbezügliche Auffassung von Kreativität. Für Doris Lessing hat sie sich zum ersten Mal in ganzer Breite in den neuen Avantgarden und Protestbewegungen der Sechzigerjahre gezeigt. »Die haben jene isolierte, schöpferische, sensible Gestalt abgeschafft – indem sie sie hunderttausendfach kopiert haben.«

Den Marxismus, dem Doris Lessing wie viele ihrer Zeitgenossen eine Zeit lang anhing, verstand sie im Nachhinein als den ersten Versuch, »außerhalb der offiziellen Religionen … ein umfassendes Bewusstsein, eine weltumspannende Ethik« zu schaffen. Er enthielt aber auch eine große Gefahr: die »treibende schmerzhafte Individualität der Kunst« auf dem

Altar des Kollektiven und des Kampfes für eine bessere Welt zu opfern. Auch aus diesem Grund hat Doris Lessing gegenüber der Frauenbewegung immer einen letzten Vorbehalt formuliert und lässt ihre Heldin Anna ins Stammeln geraten bei einem Vortrag, der von der Rückkehr zu einer Auffassung von Kunst als Gemeineigentum handeln soll. Es sind der Vorbehalt und das Stammeln der Schriftstellerin, die weiß, dass es kein Zurück hinter die Subjektivität gibt, dass sie geradezu das Pflanzbeet und Treibhaus der Literatur ist. So hängt denn alles davon ab, das Subjektive richtig zu verstehen und zu positionieren. »Schließlich begriff ich«, so Doris Lessing, »dass nichts in dem Sinne persönlich ist, dass es ausschließlich das Eigene ist.« Man müsse das Individuum als einen »Mikrokosmos« betrachten und auf diesem Weg das Persönliche allgemein machen. Nichts anderes, so die Schriftstellerin, heiße erwachsen zu werden: zu verstehen, »dass die eigene einzigartige und unglaubliche Erfahrung das ist, was alle erfahren«. Nicht nur die Liebe, auch die Literatur ist intersubjektiv und international und, nach Doris Lessings Einsicht, auch »intersexuell«: Weltliteratur wird zwar von Männern und immer mehr Frauen geschrieben, aber sie ist das Eigentum aller Menschen, ohne Ansehen von Nationalität, Rasse und Geschlecht, und als solches unteilbar.

Doris Lessing

1919–2013

Geboren im damaligen Persien, aufgewachsen im einstigen Rhodesien, lebte Doris Lessing, die Literaturnobelpreisträgerin 2007, seit 1949 in London. Ihr bekanntestes Werk, den Roman *Das goldene Notizbuch*, veröffentlichte sie Anfang der 1960er-Jahre. Leserinnen auf der ganzen Welt empfanden das Buch als authentische Darstellung ihrer eigenen Erfahrung und betrachteten die von den Männern enttäuschte, in ihrem politischen Engagement unsicher gewordene und mit einer Schreibblockade belastete Hauptfigur

Anna Wulf als eine der ihren. So wurde das Buch zu einer Ikone des Feminismus, von der Autorin bis heute bespöttelt. Nicht dass sie die Ziele der Frauenbewegung nicht befürwortet hätte; sie wollte nicht als deren Heilandsfigur in Anspruch genommen werden – und: *Das goldene Notizbuch* ist zwar ein Ideenroman, aber kein Thesenbuch. Es besteht aus einer Rahmengeschichte, genannt *Ungebundene Frauen*, welche die Lebenskrise schildert, die Anna, geschiedene Mutter einer Tochter und in psychotherapeutischer Behandlung, in ihrem vierten Lebensjahrzehnt durchmacht. Unterbrochen wird die Handlung durch Aufzeichnungen Annas, die sie aus Furcht vor dem Chaos in ihrer Seele vier Notizbüchern anvertraut: Das schwarze verzeichnet ihre Erinnerungen an Südafrika, das rote ihre politischen Aktivitäten in London, das gelbe Ideen und Skizzen für noch zu schreibende Bücher, das blaue die privaten Tagesereignisse. Eine amour fou, von der das fünfte, das goldene Notizbuch berichtet, wird schließlich für Anna wie für ihren Liebhaber zu einem Weg der Selbstheilung.

Sichtbare Spuren im Werk von Doris Lessing hat die Vorstellung der »Individuation« von C. G. Jung hinterlassen, wonach Lebenskrisen Entwicklungsgeschichten im Sinne einer Bewusstseinserweiterung sind: Eine anachronistische Bewusstseinsstufe wird unter Schmerzen abgestreift, und aus diesem Prozess geht unter günstigen Umständen eine neue Einheit der Persönlichkeit hervor. Es ist das Schema auch von Doris Lessings fantastisch-visionären Büchern, wozu etwa *Die Memoiren einer Überlebenden* zählen, die in den 1970er-Jahren entstanden, als das Katastrophenbewusstsein in der westlichen Welt aufs Äußerste geschärft war.

Doris Lessing, *aufgenommen 1992*

Toni Morrison

*1931

Seit sie schreibt, ist es das Ziel von Toni Morrison, der ersten Afroamerikanerin, die 1993 den Nobelpreis für Literatur erhielt, dass ihre Bücher von jedermann verstanden werden: vom unvoreingenommenen Leser, der von Atmosphäre, Handlung und Sprache eines Buches verzaubert werden will, genauso wie vom gebildeten, der in literarischen Traditionen denkt. Für die Afroamerikaner gab es eine solche Tradition bislang nicht – Toni Morrison schuf sie. Dennoch wandte sie sich nie speziell an eine afroamerikanische Leserschaft:

»Mein literarischer Verstand«, sagt die Schriftstellerin, »besitzt weder Geschlecht noch Nationalität noch Rasse.« Die Fantasie sei frei von solchen Etiketten.

Als Schlüssel zu ihrer Schreibkunst hat Toni Morrison die schwarzen Improvisationsmusiker bezeichnet, »die ihre wilde, zornige, zugleich hochkomplexe und verführerische Musik machten«, ohne sich je dem weißen Idiom anzupassen. Improvisation hat mit Regellosigkeit nichts zu tun. Laut des schwarzen Pianisten Cecil Taylor ist sie der höchste Grad von Selbstwahrnehmung, aber eines Selbst in Beziehung zu anderen. Daran orientiert Toni Morrison ihre Literatur und schafft eine vielstimmige, pulsierende und rhythmische Prosa, »so sophisticated, nuanciert, kühn und kontrolliert« wie die schwarze Musik. In ihrem Roman *Jazz* hat sie dieser Quelle ihrer Kunst ein unvergleichliches Denkmal gesetzt.

Toni Morrisons letzten vier Romane bilden einen Zyklus über die Liebe: Im Zentrum von *Menschenkind* (1987), einem Buch, das die Sklavenepoche und ihr Erbe aus der Sicht der Betroffenen schildert, steht die Mutterliebe. *Jazz* (1992) ist eine Dreiecksgeschichte im schwarzen Harlem der Zwanzigerjahre über die leidenschaftliche Liebe mit all ihrer Tiefe und Gewalttätigkeit. *Paradies* (1997), dessen Handlung bis in die Siebzigerjahre reicht, ist ein Buch über die Gottesliebe und fragt, warum utopische Vorstellungen immer mit Ausgrenzung verbunden sind. *Liebe* (2003) schließlich spielt in den Neunzigerjahren und entwirft ein Bild der Liebe als umfassende, den anderen Formen überlegene Caritas, die nicht eifert oder mutwillig ist, sich nicht aufbläht und niemals aufhört.

Toni Morrison, *aufgenommen im November 1993*

Assia Djebar

*1936

Im Alter von zwanzig Jahren unterschrieb Fatma-Zohra Imalayen aus Algerien in Paris ihren ersten Verlagsvertrag und nannte sich von nun an Assia Djebar, weil in dem Buch von Erotik die Rede war und sie ihre muslimischen Eltern nicht verletzen wollte.

»Über sich selbst zu schreiben, bringt einen in tödliche Gefahr«, sagte Assia Djebar einmal in einem Interview. Als Algerierin, die den französischen Bildungsweg durchlaufen hatte, empfand sie sich ohnehin als exponiert. Das Schreiben ihrer ersten Romane war zugleich Loslösung von ihrer Umgebung und sich selbst. Diese hatte bereits in der Schule begonnen: Auf die Frage, warum seine Töchter keine Schleier trügen, soll Assias Vater geantwortet haben: »Weil sie lesen« – was im Arabischen so viel bedeutet wie »studieren«. Doch musste Assia Djebar schließlich feststellen, dass sie in dem Wunsch, ihrem Ich so fern wie möglich zu bleiben, nur die Regeln ihrer Mutter und Verwandten befolgte: »Erstens, sprich nie über dich selbst, und zweitens, wenn es sich gar nicht vermeiden lässt, so sprich zumindest ›anonym‹«: »Anonymes Sprechen bedeutet, dass man nie die erste Person Singular benutzen darf.« Zehn Jahre lang veröffentlichte sie nichts und begann stattdessen Filme zu drehen. *La Nouba des femmes du mont Chenoua* (1979), einen Film über die bäuerlichen Frauen im algerischen Hinterland, produzierte sie selbst, außerdem schrieb sie das Drehbuch und führte Regie. 1980 gab sie ihre Stellung an der Universität von Algier auf und verließ Algerien endgültig – »weil ich, eine Frau, schreiben wollte«. Djebars im selben Jahr veröffentlichter Zyklus von Erzählungen *Die Frauen von Algier*, ihre erste Antwort auf die Politik der Arabisierung, war als Vorarbeit für ein Filmprojekt gedacht; doch der Blick der Filmemacherin gab auch der Schriftstellerin das Gefühl der Kontrolle zurück und einen beweglichen Blick, der zwischen den beiden Kulturen, mit denen sie groß geworden ist, hin- und herschweifen kann. »Ich schreibe, um mich zu durchreisen …«, zitiert Assia Djebar Henri Michaux und fährt fort: »… im Verlangen nach dem Feind von gestern, dessen Sprache ich gestohlen habe.« Seit 2005 ist sie Mitglied der Académie française.

Assia Djebar, *undatierte Fotografie*

Isabel Allende

*1942

Ungleich stärker als die algerische Schriftstellerin Assia Djebar nimmt die Chilenin Isabel Allende den Typus der internationalen Erfolgsschriftstellerin für sich in Anspruch. Ihre Prominenz verdankt sie zum einen dem Namen – der 1973 beim Militärputsch ermordete Präsident Salvador Allende war ein Cousin ihres Vaters –, zum anderen der erprobten und für ihre Zwecke verwässerten Rezeptur des magischen Realismus. Wie bei Djebar stehen im Zentrum ihres Werkes der Konflikt von Kulturen und die befreiende, Distanzierung und Erinnerung verknüpfende Macht des Schreibens.

»Du hast viel zu tun, also hör auf, dich zu bemitleiden, trink Wasser und fang an zu schreiben«, lautet im Roman *Das Geisterhaus* (1982) der Rat an die gefolterte Alba. Motiviert durch den Erfolg ihres Erstlings, beherzigte Isabel Allende selbst diesen Rat; bislang liegen von ihr neun Romane und drei Jugendbücher vor, und die Veröffentlichungen folgen zusehends rascher aufeinander. *Eva Luna* (1987), Allendes dritter Roman, erzählte bereits vom Aufstieg eines armen Mädchens zur prominenten Verfasserin von Telenovelas – dahinter mag auch Selbstironie der Autorin gesteckt haben, die ebenfalls für das Fernsehen gearbeitet hatte, allerdings aus einer Diplomatenfamilie stammt. Ironisch ist ebenfalls die Umkehrung, die sie im Roman an der Sündenfallgeschichte vornimmt, auf deren Folie die Geschichte des lateinamerikanischen Kontinents erzählt wird: Eva ist die Tochter einer in den Urwald verschlagenen Europäerin und eines Indios, der von einer Schlange gebissen wurde. *Der unendliche Plan* (1991) – Isabel Allende war inzwischen in zweiter Ehe mit einem US-Amerikaner verheiratet und lebte in Kalifornien – konfrontiert die angelsächsische Kultur mit der Subkultur der Indios. In *Paula* (1994) erzählt die Autorin und Mutter ihrer im Koma liegenden Tochter die eigene Lebensgeschichte – in der Hoffnung, wie Scheherazade dadurch den Tod hinauszögern, ihn womöglich überlisten zu können. Doch Paula wird nie mehr aufwachen, und die Erzählerin muss sich schließlich der Erkenntnis beugen, dass die Kette der Überlieferung zwischen den Generationen gerissen ist.

Isabel Allende, *im Oktober 1996*

Zeruya Shalev

*1959

Desperate Characters – verzweifelte, aber auch zum Äußersten entschlossene Naturen – hat Paula Fox, die große US-amerikanische Schriftstellerin, ihren ersten Roman überschrieben; es ist ein Kammerstück über eine brüchige Ehe, das für viele nachfolgende Autoren zum Modell wurde. Paula Fox selbst meinte einmal, dass ihre Bücher der härteren

Sicht auf die Dinge entgegenkämen, die die »jüngeren Leute« haben.

Die Israelin Zeruya Shalev darf man zu dieser illusionslosen Autorengeneration zählen. Ihre letzten drei Romane *Liebesleben* (1997), *Mann und Frau* (2000) und *Späte Familie* (2003) bilden eine Trilogie über die Heimsuchungen des Familienlebens durch die Macht des Begehrens, über Zerstörung und Neubeginn. Shalevs Romane sind Sprachereignisse; sie hypnotisieren ihre Leser, verstören und faszinieren zugleich. Ihre weiblichen Protagonistinnen sind Frauen am Rande des Nervenzusammenbruchs mit einer betörenden Sinnlichkeit. Biblische Motive, häufig eingeführt über die Frauenfiguren, bilden den Echoraum ihrer Romane. Liebe, das ist Exodus, Tempelzerstörung, Diaspora. Wie zuvor nur noch in Thomas Manns Josefsromanen durchdringen sich bei Zeruya Shalev jüdischer Mythos und Psychologie. Doch ist die Beziehung eine andere. Mythos plus Psychologie gleich Humanität, hatte die Formel bei Thomas Mann gelautet. Seine Figuren waren sich bewusst, in archaischen Fußstapfen zu wandeln. Sehr alt, waren sie zugleich ganz jung. Zeruya Shalev geht den umgekehrten Weg. Ihr Ausgangspunkt ist die Psychologisierung, die mittlerweile unsere intimen Beziehungen vollständig erfasst hat. Der Katalysator, den sie hinzufügt, sind die großen jüdischen Erzählungen des Alten Testaments. Auch Psychologie dividiert durch Mythos ergibt Humanität, doch eine des Erschreckens vor der eigenen Archaik. Wir sind noch immer auf der Flucht: vor unseren Verfolgern, vor Gott, vor dem Tod, vor uns selbst. Ein Leben lang jugendlich, sind wir zugleich sehr alt.

Zeruya Shalev, *im September 2005*

Arundhati Roy

*1961

Am meisten beeindrucken ihre Unbeeindruckbarkeit und ihr Elan. Seitdem sie ein kleines Kind war, sagt die angloindische Autorin und Aktivistin Arundhati Roy, wusste sie, dass sie eine Schriftstellerin werden wollte. Doch dachte sie niemals, dass sie dazu in der Lage sein würde – die Verhältnisse, aus denen sie stammte, erlaubten das nicht. Immer aber ließ sie sich auf die Dinge, die sie tat, vollständig ein. Irgendwann fing sie an, für den Film zu schreiben, und so begann ihre Laufbahn als Autorin. »Was ich auch anfange, ich gehe vollkommen darin auf. Und so geschah es auch, als ich begann, *Der Gott der kleinen Dinge* zu schreiben ... Ich habe nie Zeit darauf verschwendet ... Groll über meinen augenblicklichen Zustand zu empfinden. Mein Geheimnis bestand darin, mein Leben zu leben, indem ich mich weigerte, ein Opfer zu sein.«

Die Menschen in den westlichen Gesellschaften – ob Frauen, ausgebrannte Manager, Arbeitslose oder Schriftsteller – definieren sich zunehmend durch die Annahme, Opfer sozialer Probleme zu sein – Sozialpsychologen sprechen mittlerweile von einer regelrechten Opfersucht. Arundhati Roy hingegen macht vor, dass die wirkliche Freiheit darin besteht, sich von der Opferrolle zu lösen.

An erster Stelle steht die Entscheidung für ein tätiges, freies Leben; erst an zweiter Stelle die Frage nach seiner Ausdrucksform. Schriftstellerei und politische Aktivität sind auf dieser Basis gleichwertig; denn sie entspringen der gleichen Spannung des Lebens, dem »Elan des mit der Geburt gegebenen Anfangs«, wie Hannah Arendt, die große Verteidigerin des tätigen Lebens, gesagt hat. Diesen Elan will auch die Frau wiederfinden, die in Arundhati Roys Roman eine Reise nach Indien zu ihrem früheren Mann und damit in die eigene Vergangenheit unternimmt. Dort begegnet sie nicht nur dem Zwang der Konventionen, sondern auch der Anarchie der unscheinbaren Wunder des Alltags, über die nicht der Gott der Geschichte, der die Dinge in ihren Lauf zwingt, sondern der Gott der kleinen Dinge herrscht – »der Gott der Gänsehaut und des überraschenden Lächelns«, der Gott des Verlustes vor allem, aber auch der Gott eines Paktes zwischen dem ganz persönlichen Traum und der Welt.

Arundhati Roy, *im September 1997*

Stefan Bollmann

Jane Austen, Virginia Woolf
und ihre Schwestern

Der Kampf mit dem Engel

Schreiben Frauen anders? Dereinst schrieben sie jedenfalls unter Bedingungen, die sich von denen der Männer sehr unterschieden. Die Feststellung von Marie von Ebner-Eschenbach, dass, »als eine Frau lesen lernte ..., die Frauenfrage in die Welt« trat, gilt mehr noch für das Schreiben. Längere Zeit als die Männer waren die Frauen in ihrer Mehrzahl sogenannte Semi-Analphabeten: Sie konnten wohl lesen, aber nicht schreiben. Noch längere Zeit dauerte es, bis zu dieser Fertigkeit die Freiheit hinzukam, über den Lektürestoff selbst zu bestimmen. Und die längste Zeit hatten die Frauen darum zu kämpfen, für ihr Schreiben jene Anerkennung zu finden, die für die Männer in vieler Hinsicht selbstverständlich war und ist – zumal wenn es um mehr ging als um eine gelegentliche Tätigkeit. Hat sich die Frauenfrage heute erledigt? Oder stellt sie sich immer noch, nur auf andere Weise?

Simone de Beauvoir hat von den Frauen als dem zweiten, dem anderen Geschlecht gesprochen. Ihr berühmtes Buch, eine Studie über den Status und das Selbstverständnis der Frau in Geschichte und Gegenwart, erschien 1949. Die Autorin gab den schreibenden Frauen damals die Mahnung mit auf den Weg, es nicht beim Amateurstatus zu belassen. Spontaneität allein reiche nicht aus. Ohne den Mut und die Aus-

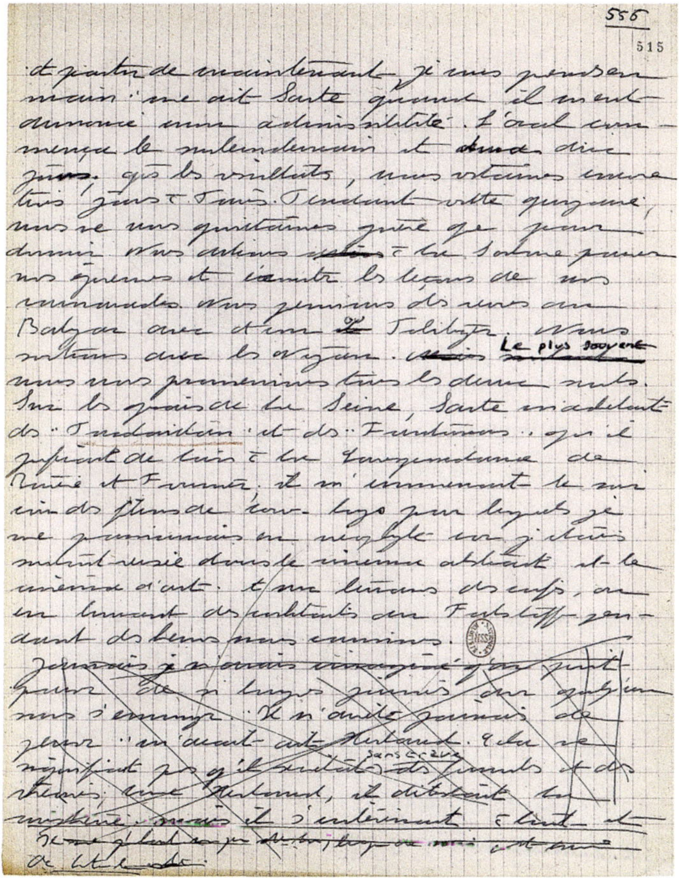
555

515

à partir de maintenant je vous prends en main », me dit Sartre quand il m'eut annoncé mon admissibilité. L'oral commença le surlendemain et ~~durant~~ dix jours, jusqu'aux résultats, nous restâmes ensemble [illegible]. Pendant cette quinzaine, nous ne nous quittâmes guère que pour dormir. Nous allions à la Sorbonne passer nos épreuves et écouter les leçons de nos camarades. Nous prenions des verres au Balzar avec Aron et Politzer. Nous sortions avec les Nizan. ~~mais~~ le plus souvent nous nous promenions tous les deux seuls. Sur les quais de la Seine, Sartre m'achetait des Pardaillan et des Fantômas, qu'il préférait de loin à la Correspondance de Rivière et Fournier; il m'emmenait le soir voir des films de cow-boys pour lesquels je me passionnais en néophyte car j'étais surtout versée dans le cinéma abstrait et le cinéma d'art. Aux terrasses des cafés, ou en buvant des cocktails au Falstaff, pendant des heures nous causions.

~~Jamais je n'avais imaginé qu'on pût [illegible]~~

dauer zu haben, in der Welt etwas aus sich zu machen, bleibe Empfindsamkeit unfruchtbare Eitelkeit. Von der Legion der Frauen, »die mit der Literatur oder mit der Kunst liebäugeln«, blieben »nur wenige bei der Sache«, meinte sie damals. »Und sogar diejenigen, die dieses erste Hindernis überwinden, blei-

---

Seite aus der Originalhandschrift Simone de Beauvoirs

ben oftmals geteilt zwischen ihrem Narzissmus und einem Minderwertigkeitskomplex.« Heute, beinahe zwei Generationen später, empfinden es professionelle Schriftstellerinnen zunehmend als Beleidigung, aufgrund der Tatsache ihres Geschlechts anders – und sei es bevorzugt – behandelt zu werden. Sie möchten in der Regel, dass für sie gilt, was die französische Schriftstellerin Marguerite Yourcenar über sich selbst gesagt hat: dass sie zu einem bestimmten Zeitpunkt ihres Lebens aufhörte, eine schriftstellernde Frau zu sein und vor allem Schriftstellerin wurde – eine Schriftstellerin, die manchmal auch Frau ist. Während jedoch in der Wahrnehmung schreibender Männer nur in Ausnahmefällen das Geschlecht eine Rolle spielt, müssen schreibende Frauen nach wie vor darauf gefasst sein, dass ihr Werk unter dem Aspekt des kleinen Unterschieds mit den großen Folgen untersucht wird. Ich kenne nicht wenige Frauen, die das mittlerweile als einen Akt umgekehrter Diskriminierung betrachten; die eher dazu bereit wären, ihre Eigentümlichkeiten und Vorlieben als Frau hintanzustellen, als sich deshalb dauernd eine Sonderbehandlung gefallen lassen zu müssen. Doch hängt hier viel, wenn nicht alles vom gesellschaftlichen, politischen und kulturellen Kontext ab: So ist es etwas sehr anderes, ob ich als Angehörige einer Gesellschaft, die beispielsweise von einem autoritären Islam geprägt ist, die »Frauenfrage« stelle, oder ob ich das als Bürgerin eines westlichen Landes tue, in dem kritisches Denken und die Freiheit des Individuums beinahe selbstverständlich sind. Das gefährliche Leben, das sich eine Frau heute in Deutschland oder den USA einhandelt, wenn sie sich für eine Existenz als freie Schriftstellerin entscheidet, hat mit der Frage des Lebensunterhalts und mit einer Erfahrung zu tun, die man die existenzielle Bodenlosigkeit des Schreibens nennen kann. Das »gefährliche Leben« als schreibende Frau in Iran oder Pakistan bedeutet hingegen eine akute Gefährdung an Leib, Seele und Leben in einer repressiven Gesellschaft, die weit davon entfernt ist, Frauen als gleichberechtigt anzuerkennen.

Den Fundus für die hier ausgebreitete Galerie schreibender Frauen bildet mit Ausnahme des letzten Kapitels, das sechs weibliche Gesichter der zeitgenössischen Weltliteratur vorstellt, die europäische und amerikanische Kultur der letzten 250 Jahre. Eine ältere und freundlichere Formel für den Clash, den Zusammenprall der Kulturen, von dem man inzwischen polemisch spricht, ist die Gleichzeitigkeit des Ungleichzeitigen. Sie schließt die Vermutung mit ein, dass ein historischer Blick auf die eigene Kultur uns etwas über die Prozesse und Kämpfe lehrt, die heute an anderen Stellen unseres Globus und unter Umständen sogar in unserer Nachbarschaft ablaufen. Dies kann selbst für unser eigenes Verhalten und Selbstverständnis gelten – denn auch hier sind Anachronismen an der Tagesordnung.

Die weibliche Kultur des Romans

Als Freiherr von Knigge Ende des 18. Jahrhunderts den Bürgern seiner Epoche praktische Lebensklugheit aus dem Geist der Aufklärung vermittelte, glaubte er, den »Frauenzimmern« noch verbieten zu müssen, aus der Literatur ein Handwerk zu machen und, wie er sich ausdrückte, in der Gelehrsamkeit umherzuschweifen. In den bürgerlichen Kreisen seiner Zeit konnten die Frauen lesen und schreiben. Nun aber stellte sich die Frage, welcher Grad von Professionalität darin dem anderen Geschlecht zuzubilligen sei. Und da sah es schlecht für die Frauen aus: Wie können sie sich erkühnen, meinte Knigge, über Gegenstände, denen jahrhundertelang ausschließlich die Bemühungen von Männern galten, auf einmal mitreden und ein fundiertes Urteil abgeben zu wollen? Da konnte doch nur weibliche Eitelkeit im Spiel sein; denn in der Mehrzahl musste ihnen schlicht die Kompetenz dazu fehlen. Unter den vierzig bis fünfzig Schriftstellerinnen, die man zu seiner Zeit in Deutschland fand, habe kaum ein Dutzend das Zeug zu echter Professionalität, urteilte der Freiherr streng. Immerhin, ein Dutzend, mag der wohlwollende Leser von heute einwenden – und sah bzw. sieht das Verhältnis von Mittelmaß zu exzellenter Leistung auf Seiten der Männer denn so viel besser aus? Keineswegs, gibt Knigge bereitwillig zu, doch lässt sich, so fährt er fort, das eine mit dem anderen auch nicht einfach vergleichen. Damit bereitete er eine Argumentationsweise vor, die bis heute dazu herhalten muss, männliche Bastionen zu verteidigen. Die nicht zu leugnende Tatsache, dass auch bei männlichen Schriftstellern unter der großen Menge nur wenige herausragen, entschuldigt er nämlich mit dem Hinweis darauf, dass allgemeinmenschliche Schwächen wie das Streben nach Ruhm oder Geld die Betreffenden halt irreleiten können. Für die mittelmäßigen Begabungen unter schreibenden Frauen hingegen lässt er diese Entschuldigung nicht gelten. Die Frauen müssen im selben Metier besser sein, weil sie gegenüber den Männern in der Beweispflicht stehen, *dass sie es überhaupt können*.

Knigge reagierte auf eine neue Dynamik im Lese- und Schreibverhalten, die sich ab dem 18. Jahrhundert entfaltete und mit Veränderungen im ökonomischen Bereich zusammenhing. Frauen hatten mehr Zeit und Muße. Zunehmend wurden die Bedarfsartikel des alltäglichen Lebens von Manufakturen hergestellt und konnten auf dem Markt oder in Läden erstanden werden. Zumindest in den wohlhabenderen städtischen Kreisen ließ die enge Bindung des Lebens von Frauen an die häuslichen Pflichten, wie Nähen, Spinnen, Weben, Brotbacken, Einkochen, Kerzenziehen oder Seifemachen, nach. Bereits 1713 konstatierte die Londoner Zeitung *Guardian*, dass die schönen Künste und Wissenschaften (französisch die *belles lettres*, worunter immer auch die Literatur bzw., wie wir heute sagen, die Belletristik verstanden wurde) mehr der weiblichen als der männlichen Welt entsprächen. Der Grund dafür sei in erster Linie, dass »die Frauen mehr freie Zeit zur Verfügung und eine mehr sitzende Lebensweise haben«, so der Zeitungsschreiber.

Von Anfang an war die Gattung Roman an das Entstehen einer weiblichen Lesekultur gekoppelt. Bis heute ist die große Mehrzahl der Romanleser weiblich – entschlössen sie sich stattdessen dazu, es den Männern gleichzutun und etwa im Internet zu surfen, würde das Romanschreiben und -verlegen rasch eine brotlose Kunst. Das außerordentlich starke Hervortreten des Romans in der modernen Welt, so der Schriftsteller Henry James, ist an das außerordentlich starke Hervortreten der Frau geknüpft.

Diese Feststellung gilt für das Schreiben von Romanen nicht in gleicher Weise wie für das Lesen von Romanen. Auch wenn im 18. Jahrhundert die Mehrzahl der Romane von Frauen verfasst wurde, entsprach dieser quantitativen Dominanz vorerst keine qualitative. Das änderte sich mit Jane Austen, die die zwei großen Tendenzen der damals noch jungen Kunst in einer neuen Synthese zusammenführte: Auf der einen Seite hatte Samuel Richardson exemplarisch mit den Briefromanen *Pamela* (1740) und *Clarissa* (1747/48) eine Form geschaffen, die den Leser tief in die Bewusstseinswelt der Romanheldin eindringen lässt, bis hin zur völligen Identifikation mit ihren Bedrängnissen und ihrem Schwanken zwischen Auflehnung und Willfährigkeit. Im 18. Jahrhundert wird das Briefeschreiben zur bevorzugten schriftlichen Ausdrucksform für Frauen. Auf diesem Feld waren sie ihren männlichen Briefpartnern, insbesondere was die Darstellung von Gefühlen anbelangte, häufig überlegen und prägten die Form einer geselligen, weitgehend weiblichen Kultur. Für nicht wenige Frauen bildeten Brief und Briefwechsel zudem die Brücke zur Schriftstellerei. Der Briefroman war also keineswegs eine Schöpfung aus dem Nichts, sondern gedieh in einem dafür gut vorbereiteten sozialen Treibhaus. Richardson entwickelte mit ihm ein psychologisches Instrument der Entdeckung und Darstellung von bislang unbekannten Seiten und einer abgründigen Tiefe der menschlichen Seele. In Deutschland ließen sich etwa Gellert, Sophie von La Roche (*Geschichte des Fräuleins von Sternheim*, 1771) und natürlich Goethe in den *Leiden des jungen Werthers* von Richardson inspirieren.

Auf der anderen Seite hatte Henry Fielding – insbesondere mit *Die Geschichte des Tom Jones, eines Findlings* (1749) – den Roman nicht so sehr als eine Form der psychologischen Einfühlung, sondern der humoristischen Inszenierung der Wirklichkeit entwickelt. Der Verfasser von Briefromanen nahm sich zugunsten der Authentizität seiner Darstellung stets zurück, als lausche er den Regungen seiner Protagonisten mit versteckten Mikrofonen, Teleskopen und Mikroskopen. Fielding hingegen mischt sich permanent in das erzählte Geschehen ein, in dem Bemühen, eine verständige Deutung der Prosa des Lebens mit all ihren Wahrscheinlichkeiten und Unwahrscheinlichkeiten zu geben. Seine Romankunst will weniger in die Seele der Menschen hineinhorchen als ihr soziales Verhalten beschreiben und erklären. Dass die Helden der Briefromane in der Regel Frauen, die der Gesellschaftsromane hingegen zumeist Männer waren, spiegelt die damalige Rollenverteilung der Geschlechter exakt wider: Was ihr an Welt- und Lebenserfahrung fehlte, machte die Frau durch die Ausbildung eines reichen Gefühlslebens wett.

Jane Austen, um endlich auf sie zu kommen, gelang es, beide Typen des Romans zu einer bislang unbekannten harmonischen Einheit zu verbinden. Bewusstseinsvergegenwärtigung und Lebensbeurteilung gehen bei ihr bruchlos ineinander über, und es entsteht ein feinfühliges Spiel von Identifikation und Distanz, das die Verwicklungen zwischenmenschlicher Beziehung sowohl in ihrer seelischen als auch in ihrer sozialen Dimension darstellt. Kennzeichnend dafür ist, dass Jane Austen *Stolz und Vorurteil*, ihren wohl berühmtesten Roman, in einer ersten Fassung als Briefroman niedergeschrieben hat. Später wurde ihr klar, dass diese Form ihrer Absicht im Wege stand, als erklärte Autorin aufzutreten, die das Geschehen zwar nicht explizit, aber indirekt sehr wohl kommentiert, und dass sie dieser Form auch gar nicht bedurfte, um realistische Charaktere mit ihren Widersprüchen zu zeigen. Dazu dienten ihr nun die Dialoge, in die ihre Figuren ständig verwickelt sind; über ihr Gesprächsverhalten lernen wir sowohl ihre Gefühle und Charaktereigenschaften als auch ihre sozialen Rollen kennen.

Jane Austen zeigt uns, wie sich inneres und äußeres Leben der Menschen – Gefühl, Mitteilung und Handeln – zueinander verhalten, sich entsprechen oder widersprechen, sich durch Aufrichtigkeit oder Unaufrichtigkeit, durch Entschiedenheit oder Unbedenklichkeit auszeichnen. Definiert sind ihre Figuren durch die Situation, in der sie sich gerade befinden,

und durch ihr Verhalten in dieser spezifischen Situation – und weniger durch eine Vergangenheit, die dem Leser erst nahegebracht werden muss, oder eine offene Zukunft, die immer mehr verspricht, als sie hält. Alles steht im hellen Licht einer drängenden Gegenwart.

Man mag sich heute fragen, ob die von Jane Austen hervorgebrachte Synthese von psychologischem und Gesellschaftsroman spezifisch weiblich ist, ob sie so vielleicht nur von einer Frau geschaffen werden konnte. Man spricht in diesem Zusammenhang häufig von weiblicher Sensibilität; gemeint ist damit weniger eine biologische Eigenschaft als eine kulturelle Prägung. Aus dieser herkömmlichen »Schwäche« wird peu à peu eine Stärke. Den Frauen wird bewusst, dass der Bereich der zwischenmenschlichen Beziehungen eine Domäne ist, in der sie die Männer aufgrund ihrer Sozialisation übertreffen.

LINKS: **Jane Austen** (1775 – 1817), *zeitgenössischer Stich, Privatbesitz*
RECHTS: **Florence Nightingale** (1820 – 1910), *Fotografie, um 1870*

Inzwischen haben wir uns daran gewöhnt, dass im Fortgang der gesellschaftlichen Entwicklung die sogenannten *soft skills*, soziale und emotionale Kompetenz, eine immer größere Rolle auch außerhalb des Privatlebens spielen und dementsprechend eine höhere Wertschätzung erfahren. Das nahm in der Kultur des Romans, die sich in diesen Jahrzehnten als eine in erster Linie weibliche Kultur herausbildete, seinen Anfang. Der Roman ist eine Schule emotionaler und sozialer Intelligenz. Das feine Gehör für die Untertöne, Zwischentöne und Misstöne in den zwischenmenschlichen Belangen wurde bei Schriftstellerinnen wie Jane Austen zur literarischen Produktivkraft und teilt sich ihren Leserinnen und Lesern als neue *Raison d'être*, als ein eigener Wert und als relevanter Bereich individueller und gesellschaftlicher Erfahrung mit.

Ein neuer Frauentypus

Mit dem Roman verband sich so ein neues Selbstgefühl der Frau. Seine Lektüre verschaffte ihr Erfahrungen, die sie in der Enge ihres gewöhnlichen Lebensumfeldes nie gemacht hätte. Im Roman erkennt sie die eigene Situation wieder und sieht zugleich die eigene Welt in einem neuen Licht – als lediglich eine unter anderen ebenso möglichen. Der Philosoph Odo Marquard hat in dieser Hinsicht einmal von »Lebenspluralisierung« gesprochen: Das Lesen von Literatur und insbesondere auch die Kommunikation mit anderen Leserinnen und Lesern über das Gelesene erweitern den Lebensradius und verschafften einen Einblick in bislang unbekannte Lebensformen.

Nun waren im 18. und auch im 19. Jahrhundert für die Frauen noch keineswegs goldene Zeiten des Müßiggangs und der Verfügung über die eigene Zeit angebrochen. Ganz anders als der zitierte Leitartikler des *Guardian* hat die Vorreiterin einer Professionalisierung der Verwundetenpflege im Krieg, die Krankenschwester und Schriftstellerin Florence Nightingale, den Zeit-Wohlstand der Frauen eingeschätzt: »Frauen haben ihr ganzes Leben lang keine halbe Stunde (es sei denn, bevor oder nachdem irgendjemand im Haus auf den Beinen ist), die sie ihr Eigen nennen können ohne die Furcht, dadurch Anstoß zu erregen oder jemanden zu kränken«, schrieb sie 1860 in ihrem autobiografischen Text *Cassandra*. Ein wenig anders formuliert: Nichts, womit eine Frau sich beschäftigt, ist so wichtig, als dass es nicht jederzeit unterbrochen werden könnte. Bissig setzte Florence Nightingale hinzu: »Eine Frau hat nicht die Möglichkeit, im Licht des Intellekts zu leben. Die Gesellschaft verbietet es, diese konventionellen Nichtigkeiten, die ihre ›Pflichten‹ genannt werden, verbieten es. Ihre ›häuslichen Pflichten‹, hochgestochene Worte, die zum überwiegenden Teil nur schlechte Gewohnheiten sind (von denen sich zu befreien sie nicht den Mut, die zu durchbrechen sie nicht die Kraft hat), verbieten es.« Florence Nightingale selbst vertauschte die Rolle des »Engels im Haus«, den der bürgerliche Sittenkodex der damaligen Zeit den Frauen nahelegte, mit der Rolle eines Engels außerhalb des Hauses – für sie stand außer Frage, dass Frauen, die über Leidenschaft, Geist und Moral verfügen, in der kalten, durch Konvention und Unterdrückung gekennzeichneten sozialen Atmosphäre ihrer Zeit keine Erfüllung finden können; wollten sie nicht verkümmern, mussten sie den Mut haben, unbequeme Pfade abseits der ausgetretenen Wege zu beschreiten.

Die bürgerlichen Schriftstellerinnen der ersten Stunde, wie Jane Austen, die Schwestern Brontë oder Bettina von Arnim, erleben wir ständig im Kampf mit einem Alltag, der ihnen zum Schreiben kaum Zeit und Raum ließ. Das Problem begann damit, dass sich Anfang des 19. Jahrhunderts fast das gesamte Leben einer Familie des bürgerlichen Mittelstands in dem einzigen, gemeinsamen Wohnraum abspielte. Wenn die Türangel quietschte, soll die junge Jane Austen ihre Manuskripte versteckt oder mit einem Löschblatt bedeckt haben. »Wie sie imstande war, das alles zu bewerkstelligen«, schrieb ihr Neffe in seinen Erinnerungen an Jane Austen, »ist überraschend, denn ... der größte Teil der Arbeit musste im gemeinsamen Wohnzimmer geleistet werden, wo man allen Arten zufälliger Unterbrechung ausgesetzt war.«

Die jungen Schriftstellerinnen dieser Epoche schrieben beinahe ausschließlich Romane, selbst dann, wenn das lyrische Drama oder die Geschichtsschreibung eher ihrer Begabung entsprochen hätten. Virginia Woolf hat diesen Sachverhalt mit den Umständen in Verbindung gebracht, unter denen sie zu schreiben gezwungen waren. Der Roman, so sagt sie, die als Romanschriftstellerin wusste, wovon sie sprach, sei die »am wenigsten konzentrierte Form«. Er verkrafte auch ein Schreiben, das immer wieder von außen unterbrochen wird und neu ansetzen muss. Man könnte auch sagen, dass er die Gattung mit der größten Resistenz gegenüber Störungen ist; seine Kontinuität findet er über Diskontinuitäten, über Brüche hinweg. Zufälle, Nichtigkeiten, Begegnungen, Gelegenheiten, kurz, das weite Feld des Nichtberechenbaren treibt das von ihm erzählte Geschehen voran und ist konstitutiv für das Bild, das er von der Welt entwirft. Zudem erlaubt der bürgerliche Roman, Geschichten zu erzählen, die im Wesentlichen in Wohnzimmern und Salons spielen – also dort, wo die Autorinnen und Leserinnen ihre elementaren gesellschaftlichen Erfahrungen gemacht hatten. So ist es auch kein Wunder, dass sich die Charaktere der Romanheldinnen und -helden häufig weniger durch Handeln als durch Konversation, Briefeschreiben oder Reflexion entfalten. Dass aber auch auf dieser Basis eines sehr eingeschränkten Repertoires an Mitteln und Schauplätzen – oder vielleicht sogar wegen dieser außerordentlich begrenzten Ökonomie – wahre Wunderwerke der Romankunst entstehen können, zeigt wiederum *Stolz und Vorurteil* von Jane Austen.

Stolz und Vorurteil ist ein Roman über die Partnerwahl. Gemäß dem Sozialkodex der Zeit, hatte die Frau einen einzigen Zweck, nämlich eine gute Partie zu machen. Sich zu verheiraten war die einzige Chance, von zu Hause fortzukommen und aus ihrem Leben etwas zu machen. Es war aber auch eine große Quelle von Bedrängnissen und Konflikten, da in starkem Maße über die Frau verfügt wurde und es keineswegs sicher war, dass sich die Ansprüche und Erwartungen der anderen mit den eigenen Wünschen vereinbaren ließen. Die Story von *Stolz und Vorurteil* hinterlässt auf den ersten Blick den Eindruck, von einem Sozialdarwinisten *avant la lettre* entworfen worden zu sein. Die Frauen bemühen sich, Männer mit hohem Status zu heiraten, an dem sie und später auch ihre Kinder teilhaben. Die Männer hingegen konkurrieren um die hübschesten Frauen; seit Darwin wissen wir, dass die Männchen Jugend und Schönheit als Zeichen reproduktiver Fitness ansehen. Das Hin und Her, das zwischen den Partnersuchenden entsteht, hat damit zu tun, zwischen kurzzeitiger Anziehung aufgrund von Aussehen oder Auftreten und langfristiger Zweckmäßigkeit, zwischen möglicherweise trügerischen »ersten Eindrücken«, so der ursprüngliche Titel des Romans, und einer, im Jargon unserer Zeit gesprochen, nachhaltigen Beziehungskultur zu unterscheiden.

Doch erfasst das alles noch nicht jene Dimension, die den Leser des Romans bis heute entzückt und die ansonsten bescheidene Autorin zu der Formulierung verleitete, Elizabeth, die Hauptfigur ihres Buches, sei »einer der hinreißendsten Charaktere, die je gedruckt erschienen sind«. Jane Austen schuf in ihr einen neuen Frauentypus, der Witz verkörpert – im damaligen Sinne geistige Beweglichkeit, rasche Auffassungsgabe und kombinatorischer Scharfsinn. Darin ist sie das genaue Gegenteil ihrer Mutter, die vom Roman ausdrücklich als einfältige und geistlose Vertreterin des sozialdarwinistischen Heiratssystems charakterisiert wird. Was Elizabeth am meisten verabscheut, sind Einstellungen und Verhaltensweisen, welche die Soziologie viel später als die einer außengeleiteten Persönlichkeit beschrieben hat. Dabei handelt es sich um einen Menschentyp, der sich in seinen Entscheidungen und Handlungen durch die von außen empfangenen Signale steuern lässt. Das, so schon Jane Austens Diagnose, mag in manchen Situationen den Spaßfaktor zwar erhöhen, legt zumal die Frau aber darauf fest, ihr Selbstverständnis in den an sie herangetragenen Erwartungen zu finden. Auch Elizabeth wird heiraten: Doch sie hat gewählt und schon beim Zustandekommen der Beziehung ihre Überlegenheit in Fragen emotionaler und sozialer Intelligenz bewiesen. Voraussetzung dafür sind – neben Witz – Aufrichtigkeit, Entschlossenheit, bedingungslose Gegenwärtigkeit. Wer darüber verfügt, hat es nicht nötig, sein Selbstgefühl von der Meinung anderer abhängig zu machen, sondern folgt dem eigenen Urteil und bringt auch, sollte es sich als Vorurteil erweisen, die Stärke auf, die einmal gefasste Meinung zu revidieren.

Unter Pseudonym

Hundert Jahre nach Jane Austens Versuch, ein neues Bild der selbstbestimmten Frau von Geist zu entwerfen, erhebt Virginia Woolf ihre berühmte Forderung nach einem eigenen Zimmer für Schriftstellerinnen und generell für geistig tätige Frauen. Um zu erreichen, dass die Werke von Frauen nicht mehr in erster Linie Offenbarungen des eigenen Leidens und Abladeplatz für persönliche Gefühle seien, müsse man die Produktionsbedingungen ändern: Finanzielle, räumliche und zeitliche Unabhängigkeit sei die Basis für das Entstehen unabhängiger, autonomer Kunstwerke. Die Männer, bislang daran gewöhnt, die Herren im Haus zu spielen und bedient zu werden, würden sich schon aufmachen und den Frauen nachfolgen, hätten diese ihre Unabhängigkeit erst einmal zeitlich und räumlich dokumentiert. Dann, aber auch erst dann, könnte zwischen beiden, Frau und Mann, das »interessanteste, aufregendste und wichtigste Gespräch« stattfinden, von dem man je gehört habe.

Neu war an dieser Forderung, dass sie nun öffentlich ausgesprochen und in gewisser Weise zu einem Politikum wurde. Erhoben, allerdings in einem Privatbrief, hatte sie bereits die amerikanische Schriftstellerin Harriet Beecher-Stowe, die durch den Roman *Onkel Toms Hütte* weltberühmt wurde. »Soll ich mich literarisch betätigen, so brauche ich ein separates Zimmer«, hatte sie ihrem Mann geschrieben. Wie viele ihrer Kolleginnen hatte Harriet ihre Lust und ihr Talent zu schreiben früh entdeckt und bereits im Alter von zweiundzwanzig Jahren den ersten Preis in einem Erzählwettbewerb gewonnen. Doch statt nun aus dem Schreiben einen Beruf zu machen, heiratete sie einen Mann, der wie ihre sechs Brüder und ihr Vater Theologe war. Anders als die vier großen englischen Schriftstellerinnen des 19. Jahrhunderts – Jane Austen, Emily Brontë, Charlotte Brontë und George Eliot –, von denen nicht eine ein Kind hatte und zwei unverheiratet blieben, bekam Harriet Beecher-Stowe sieben Kinder. »Im letzten Winter hatte ich in der Kinderstube keine Ruhe«, schrieb sie an ihren Mann. »Unsere Kinder kommen gerade jetzt in ein Alter, da sie meine Aufsicht nicht entbehren können. Habe ich unter solchen Umständen wohl das Recht, meine Gedanken zwischen ihnen und der Schriftstellerei zu teilen?« Wenn sie die Kinder unterrichtet, den Kleinen gewartet, Vorräte eingekauft, Kleider ausgebessert und Strümpfe gestopft habe, sei sie zu müde, sich noch hinzusetzen und für eine Zeitung zu schreiben. Dabei könnten die Stowes ihre Einkünfte gut gebrauchen. Doch nur selten kam sie in den Jahren der Kinderaufzucht und -erziehung zum Schreiben.

Typisch für die gesellschaftlichen und privaten Widerstände, die schreibende Frauen zu überwinden hatten, sind zwei Begebenheiten, von denen die französische Schriftstellerin George Sand berichtet: Nach neun erdrückenden Ehejahren trennt sie sich von ihrem Mann und arbeitet an einem Buch. Prompt wird sie von ihrer Schwiegermutter zur Rede gestellt. Ob es wahr sei, dass sie die Absicht habe, Bücher zu drucken? Das sei ja eine drollige Idee. Sie hoffe nur, dass sie nicht vorhabe, ihren Namen und den ihres Mannes auf den Deckel der Bücher drucken zu lassen. Also trat Aurore Dudevant, geb. Dupin, ihre Laufbahn als Schriftstellerin unter einem Pseudonym an und wählte dafür mit Bedacht einen männlichen Vornamen. Sie war nicht die einzige Frau ihrer Zeit, die sich Zugang zur männlichen Welt der Texte verschaffte, indem sie vorgab, ihre Manuskripte seien von einem Mann geschrieben worden. So publizierten alle drei Brontë-

Schwestern zu ihren Lebzeiten unter männlichen Pseudonymen; sie nannten sich Currer (Charlotte), Ellis (Emily) und Acton (Anne) Bell. Als durch eine Verwicklung ihre wahre Identität herauszukommen drohte und zumindest einer ihrer Verleger davon erfuhr, dass es sich bei den vermeintlich männlichen Autoren um drei Frauen handelte, bestand insbesondere Emily Brontë, deren einziges Buch, *Wuthering Heights*, vom zeitgenössischen Publikum als geschmacklos und unverständlich abgelehnt worden war, auf der Bewahrung des Schutzes durch das Pseudonym.

George Eliot hingegen, die mit bürgerlichem Namen Mary Anne Evans hieß und sich privat Marianne, später dann Marian nannte, ihre frühen Rezensionen, Essays und Übersetzungen (unter anderen von Ludwig Feuerbachs *Wesen des Christentums*) erst anonym, ihre späteren Romane dann unter dem besagten männlichen Pseudonym veröffentlichte, enthüllte ihre weibliche Identität in einem Brief an die *Times* selbst. Anlass war eine Pressekampagne, in der ihre Romane einem Bäckersohn zugeschrieben worden waren, welchem die plötzliche Prominenz durchaus gefiel. George Eliot lebte »in wilder Ehe« mit einem verheirateten Mann, George Lewes, zusammen, der Vater von drei Söhnen und selbst Schriftsteller war. Sie übernahm seinen Vornamen und verknüpfte ihn mit einem englischen Durchschnittsnamen, der wie der ihres Geliebten aus fünf Buchstaben bestand. Grund dafür sei nicht Angst um ihren Ruf in der sogenannten guten Gesellschaft gewesen, stellte Lewes in einem Brief fest. Vielmehr sei es ihr darum gegangen, »dass ihr Buch nach den eigenen Qualitäten beurteilt werden sollte – und nicht schon vorher verurteilt als das Werk einer Frau oder einer ganz bestimmten Frau« – einer solchen nämlich, die man zu ihrer Zeit nicht einlud,

weil ihr Lebenswandel die Moralvorstellungen der viktorianischen Gesellschaft verletzte. Auch nach der Enthüllung ihrer wirklichen Identität hielt George Eliot bewusst daran fest, »George Eliot« zu sein. Eine Rivalin, die sie noch aus ihren früheren Tagen als Marian kannte, notierte später, sie sei eine »gemachte Frau« gewesen, »gemacht durch Selbstarbeit… Nie vergaß sie für einen Augenblick ihr selbst geschaffenes Selbst«.

Jane Austen hingegen verharrte zeit ihres Lebens ganz bewusst in der Anonymität; in ihren Büchern fand sich lediglich der Hinweis »By a Lady«. Wohl wollte sie, dass das lesende Publikum zur Kenntnis nahm, dass *Verstand und Gefühl* oder *Stolz und Vorurteil* Werke waren, die eine Frau geschrieben hatte; doch nahm sie sich die Freiheit, die Öffentlichkeit über ihre Identität im Unklaren zu lassen. Die Unsichtbar-

---

LINKS: **George Eliot** (1829–1880), *Skizze von Samuel Laurence (1812–1884), Privatbesitz*
RECHTS: **George Sand** (1804–1876), *Pastell auf Papier von Candide Blaize (1795–1855), 1830 Musée de la Ville de Paris, Musée Carnavalet, Paris*

keit verschaffte ihr Handlungsspielraum, wenn auch in erster Linie auf dem Papier (gewissermaßen nur im Gleichnis und um den Preis eines anonymen Lebens. Einen späten Heiratsantrag lehnte sie nach reiflicher Überlegung ab.

Es gibt auch den anderen Fall: dass (Ehe-)Männer sich mit oder sogar gegen den Willen ihrer Frauen zu eigen machen, was diese geschrieben haben. Das wohl bekannteste Beispiel ist die französische Schriftstellerin Colette, die in erster Ehe mit einem zwanzig Jahre älteren Mann, dem Verlegersohn, Kritiker und Autor Henry Gauthier-Villars, genannt »Willy«, verheiratet war. Ihren ersten Roman, der einen zeitgemäßen, erfrischenden Mädchentyp schuf, *Claudine*, eine Art Alter Ego der Verfasserin, brachte Colettes Mann unter seinem Namen auf den Markt. Das Buch wurde ein Bestseller, und Willy ließ sich in der Öffentlichkeit als »Claudines Papa« feiern, machte sich also in geistigen Dingen zum Vater seiner Frau, die er unterdessen in ein Arbeitszimmer einsperrte, damit sie dort neue *Claudine*-Romane produziere. Sechs Jahre später ließ Colette sich scheiden.

Kinder oder Bücher

Dass Männer aus dem Drang zu schreiben eine Profession machten, war gesellschaftlich sanktioniert. Frauen, die solches vorhatten, wurden lange Zeit mit Ratschlägen wie dem folgenden bedacht, den ein Romanschriftsteller Aurore Dudevant erteilte, noch bevor sie sich in George Sand verwandelte: »Ich werde offen sein, eine Frau soll nicht schreiben… Nehmen Sie meinen Rat an: Machen Sie keine Bücher, setzen Sie Kinder in die Welt!«

Aut liberi aut libri, entweder Kinder oder Bücher – bis zur Erfindung des Buchdrucks galt im christlichen Mittelalter die

Regel, wer lesen oder gar schreiben (wenn auch in der Mehrzahl der Fälle lediglich abschreiben) will, muss ins Kloster gehen; denn nur dort waren die Schriften zu finden und nur dort sollten sie auch hingehören. Der anfangs auf Mönche gemünzte Spruch wurde mit der zunehmenden Alphabetisierung der Frauen auch als wohlfeiles Argument gegen deren erwachende Schreiblust eingesetzt. Die männliche Abkanzlung der schreibenden Frau – Nietzsche sprach später gehässig vom »Literatur-Weib« – folgt stets diesem Entweder-Oder, das ein Drittes, auch in Form eines Kompromisses, kategorisch ausschließt. Die Zumutung, sich für eines von beiden und damit gegen das andere entscheiden zu müssen, war mit einem Bild der Frau verknüpft, aus dem folgte, dass sie sich eigentlich stets für das Erste zu entscheiden hatte; wich sie davon ab, handelte sie gegen ihre Natur.

Die Auffassung, dass Männer und Frauen von Natur aus getrennten Ordnungen angehören und die Vermischung der Geschlechter eine Bedrohung für beide darstellt, hat sich hartnäckig über das viktorianische und wilhelminische Zeitalter hinaus bis weit ins 20. Jahrhundert gehalten und ist auch heute noch keineswegs »erledigt«. Wir begegnen ihr zum Beispiel noch in dem großen Aufbruch, den die Beat-Generation herbeiführte, als sie ein Leben auf der Suche nach Intensität propagierte, das in krassem Gegensatz zu den Vorstellungen bürgerlicher Sesshaftigkeit und geregelter Arbeit stand. *On the Road* (Unterwegs), wie der Titel von Jack Kerouacs berühmtem Roman von 1957 lautet, waren nur Männer, und von ihnen wieder nur die jungen. Die Schriftstellerin Joyce Johnson, in jungen Jahren eine Zeit lang die Gefährtin von Jack Kerouac, wollte die Reisen mit ihm gemeinsam unternehmen und sah überhaupt nicht ein, was dagegensprechen sollte.

Doch immer, wenn sie das Thema anschnitt, so erinnerte sie sich dreißig Jahre später, unterbrach er sie und meinte, was sie sich wirklich wünsche, seien doch Kinder, wie alle Frauen. Mehr noch, als eine große Schriftstellerin zu sein, wünsche sie sich, Leben in diese Welt zu bringen – »ein Bindeglied zu sein, in der langen Kette von Leiden und Tod«.

Schon George Sand aber hat es verstanden, derart zweifelhafte Ratschläge gegen den männlichen Ratgeber zu verwenden. Laut auflachend, soll sie seinerzeit geantwortet haben: »Aber ich bitte Sie, mein Herr, befolgen Sie doch selbst dieses Rezept!« Nicht überliefert ist, ob besagter Herr überhaupt begriff, was ihm da zugemutet wurde – statt mit Büchern mit Kindern schwanger zu gehen. Wenn es ihnen schon nicht gegeben ist, Kinder zu gebären, bestehen Männer wenigstens auf dem Vorrecht, Werke hervorzubringen. Frauen, die schreiben, sind und leben gefährlich auch deshalb, weil sie die tradierte »Arbeitsteilung« zwischen den Geschlechtern, nach der der Mann zeugt und produziert, die Frau aber empfängt und gebiert, auf den Kopf stellen und den Männern das Schöpferprivileg streitig machen.

Das Mittelalter kannte hagiografische Geschichten von Frauen, die sich als Mönche verkleideten und mit sozialem Aufstieg und Heiligkeit belohnt wurden. Mit dem Anlegen der Mönchskutte gewannen sie ein Stück an sozialer Mobilität, allerdings um den Preis, ihrer Weiblichkeit und Sexualität gleichermaßen zu entsagen. Wenn Jahrhunderte später Frauen wie George Sand nicht nur unter männlichem Pseudonym veröffentlichten, sondern in der Öffentlichkeit Männerkleidung trugen und ihr Geschlecht verhüllten, so ging es auch hier um einen Zugewinn an Bewegungsfreiheit, und dies erst einmal in ganz pragmatischer Absicht: Frauenkleidung war auf dem schmutzigen Pariser Pflaster eher hinderlich, man kam nicht recht voran, und die guten Stücke waren rasch ruiniert. Die sehr viel bequemere Männerkleidung hingegen verschaffte einem darüber hinaus auch Zugang zu Etablissements, in die Frauen der Zutritt untersagt war. Ganz wesentlich war dabei ein Verhalten, das wir heute als »cool« bezeichnen würden: die Männerkleidung mit der nötigen Selbstverständlichkeit, also betont unauffällig zu tragen. Von der Schule genommen und in weitgehender Freiheit bei ihrer Großmutter auf dem Land lebend, hatte die siebzehnjährige Aurore die nötige Lässigkeit auf weiten Ausritten und langen Spaziergängen einüben können. Einer ehemaligen Mitschülerin, die ihr von den ersten Bällen vorschwärmte – damals das gesellschaftliche Terrain der Eheanbahnung unter elterlicher Aufsicht –, schrieb sie zurück: »Du aber gehst nicht hinaus im langen Männermantel und mit der Mütze, das Gewehr über der Schulter, und wanderst über die gepflügten Felder...« So begann ein in jeder Hinsicht unangepasstes Leben. Nachdem sie sich in der Gesellschaft als Schriftstellerin mehr oder weniger durchgesetzt, zahlreiche, meist jüngere, darunter sehr bedeutende Männer verführt hatte, kokettierte George Sand schließlich mit dem Tragen von Männerkleidung nur noch aus purer Lust an der Provokation. Um sich neue Möglichkeiten der Lebensführung und des Aufstiegs zu verschaffen, verzichtete sie weder auf ihre Weiblichkeit noch auf Sexualität, stellte beide hingegen in den Dienst ihrer Freiheit. Man hat George Sand in dieser Hinsicht Unaufrichtigkeit unterstellt. Bereits Baudelaire schmähte sie als Spießerin der Unmoral. Simone de Beauvoir geißelte ihre Tugendmaske, die sie sich vorzubinden beliebte, um ihr opportunistisches Verhalten moralisch aufzumöbeln. Vielleicht war die Wahrheitsliebe, auf die sie pochte, aber auch nur eine Chiffre für ihr Lebensprogramm, sich selbst die Treue zu halten – nicht im moralischen Sinn, sondern aus Gründen der Selbstbehauptung.

Das alles waren erste, manchmal nur zaghafte Versuche, die Trennung der Sphären von Mann und Frau aufzuheben – häufig mit dem Ziel, den Freiheitsspielraum der Frauen zu erweitern, manchmal aber auch nur, um überhaupt den Lebensunterhalt zu sichern. So legten im 19. Jahrhundert nicht wenige Frauen Männerkleidung an, wenn sie auf Arbeitssuche gingen, und taten es aus demselben Grunde sogar mittellosen Männern nach und traten als Soldat in die Armee ein. Und immer wieder haben Frauen nicht die Bücher um der Kinder willen oder die Kinder um der Bücher willen geopfert, sondern sich für beides entschieden – wenn eine solche Entscheidung denn überhaupt in ihre Reichweite rückte. Auch George Sand hatte zwei Kinder, die sie nach ihren ersten Erfolgen als Schriftstellerin wieder zu sich nahm und die natürlich auch mit von der Partie waren, als sie mit Chopin den Winter auf Mallorca verbrachte.

Die Folge davon war ein geteiltes, häufig genug ein zerrissenes Leben. In der Regel sah der Lebenslauf so aus: erste Schreibversuche in der Jugend, zumeist noch ohne etwas zu veröffentlichen; dann heiraten, Kinder kriegen, Kinder großziehen; schreiben, wenn überhaupt, zwischen Windeln oder in den Nächten, nicht selten begleitet von Gewissensbissen; scheiterte die Ehe nicht (häufig tat sie das, weil der Mann mit dem unkonventionellen Lebensstil seiner Frau nicht zurechtkam), blieb für eine Laufbahn als Schriftstellerin die Lebenszeit danach, die in der Regel nicht so lang und selbstverständlich war wie heute. So hat es etwa auch Bettina von Arnim gehalten, die nach zwanzig Jahren Eheleben und Mutterpflichten – die Kinder waren aus dem Gröbsten heraus, ihr Mann wenige Tage vor seinem 50. Geburtstag gestorben – im Alter von gut fünfzig Jahren ein zweites Leben als erfolgreiche Schriftstellerin begann.

Im 20. Jahrhundert dann wurden die Voraussetzungen günstiger, um Kinder und Schriftstellerberuf vereinbaren zu können. Neben sozialstaatlichen und technischen Errungenschaften hat dies mit der Professionalisierung der Autorentätigkeit zu tun, welche wiederum mit der Anpassung der Verlagstätigkeit an die moderne Geschäftswelt zusammenhängt. Die französische Autorin Florence Montreynaud, die in den Achtzigerjahren ein großes Werk über das »20. Jahrhundert der Frauen« verfasste und dabei gleichzeitig vier Kinder großzog, hat ausdrücklich *et liberi et libri*, »sowohl Kinder als auch Bücher«, zu ihrem Lebensmotto erklärt. Sie konnte dabei etwa in die Fußstapfen der schwedischen Kinderbuchautorin Astrid Lindgren oder der afroamerikanischen Literaturnobelpreisträgerin Toni Morrison treten, die beide nicht nur Mütter waren, sondern neben ihrer Schriftstellerei sogar noch Jobs als Verlagslektorinnen ausübten. Von Astrid Lindgren konnte sie etwas über die Ökonomie des Alltags lernen als der unabdingbaren Voraussetzung dafür, die beiden Welten zusammenzuführen. Heute gibt es zahlreiche Ratgeber zu diesem Thema. Toni Morrison ging sogar so weit zu sagen, dass die Fürsorge für ihre Kinder es ihr erlaubt habe, Ballast abzuwerfen, der ihr Leben unnötig beschwerte. Von Kindern gestört zu werden und für sie da zu sein, so Morrison, muss dem Schreiben nicht unbedingt abträglich sein; es sei eine Frage der Konzentrationskraft. Als die Kinder noch klein waren, gab sie es ganz bewusst auf, sich zum Schreiben in ein dafür reserviertes Zimmer zurückzuziehen, wo sie dann von den Kindern, die sich alleingelassen fühlten, prompt unterbrochen und das Verhältnis von Muttersein und Schreiben für sie zum Dilemma wurde. Stattdessen zog sie ins Wohnzimmer um, also dorthin, wo einst das Romanschreiben der Frauen seinen Anfang genommen hatte. »Die Forderungen der Kinder waren Dinge, die niemand sonst je von mir verlangt hatte. Ein guter Manager sein. Humor haben. Etwas herbeischaffen, das jemand gerade brauchen konnte ... Ich konnte ich sein ... Meine Kinder schienen den Menschen in mir zu wollen, den ich selber am meisten mochte ...« Wenn Schriftstellerin oder Schriftsteller zu sein heißt, als Mensch zu Menschen zu sprechen, warum sollen die betreffenden Werke dann nur in selbst gewählter Einsamkeit und nicht unter Menschen entstehen können?

Ohne jeden Sinn für Liberalität und sehr weit entfernt von jenen irdischen Dingen, mit denen die wirklichen Frauen in ihrem persönlichen Leben konfrontiert sind, nimmt sich dagegen das scharfe Plädoyer von Simone de Beauvoir für die Zerstörung des Mythos der Mutterschaft aus, das sie Anfang der Siebzigerjahre in einem Gespräch mit der amerikanischen Frauenrechtlerin Betty Friedan hielt. »Keiner Frau sollte erlaubt sein, zu Hause zu bleiben, um Kinder aufzuziehen. Frauen sollten diese Wahl nicht haben, denn wenn es sie gäbe, würden allzu viele genau das wählen.« Hier wird noch einmal dem Entweder-oder das Wort geredet, dieses Mal von einer Frau, die sich als Vorreiterin der Emanzipationsbewegung verstand.

Die Kunst zu leben

Kehren wir noch einmal zu Jane Austen zurück. In ihrem letzten Roman, *Persuasion*, dessen deutscher Titel *Anne Elliot* lautet, wird über die Hauptfigur der ergreifende Satz gesagt: »Sie war in ihrer Jugend zu kluger Vorsicht gezwungen worden, sie lernte Hingabe ans Gefühl, als sie älter wurde – die natürliche Folge eines unnatürlichen Beginns.« Diese Aussage traf auch auf die Autorin selbst zu, die man eine Spätentwicklerin nennen könnte. Ein Jahr nach Beendigung von *Persuasion* starb Jane Austen im Alter von einundvierzig Jahren, gerade als sie begann, »zu ihrem eigenen Erfolg Vertrauen zu fassen«, wie ihr Neffe in seinen Erinnerungen notierte. Hätte Jane Austen nur einige Jahre länger gelebt, so hat Virginia Woolf vermutet, wäre sie aus der Verborgenheit, in der sie lebte, herausgetreten. »Sie hätte sich in London aufgehalten, wäre zum Dinner, zum Lunch ausgegangen, hätte Berühmtheiten kennengelernt, neue Freunde gewonnen, hätte gelesen, Reisen gemacht und einen Schatz von Beobachtungen ins stille Landhaus heimgetragen, um sich in Muße daran zu ergötzen.« Kurz, sie hätte ein wenig mehr vom Leben gehabt als nur das Schreiben, das ihr vor allem ein großes Nachleben beschert hat. Auch hätte sie sicher weitere und andere Romane geschrieben und eine Methode erdacht, die der Komplexität der menschlichen Natur – die sie, je länger sie lebte, desto mehr zu entdecken begann – immer besser gerecht geworden wäre.

Spekulationen wie die von Virginia Woolf sind nicht müßig. Denn sie verraten etwas von dem Unabgegoltenen, das die Leben von Jane Austen und ihren Schwestern kennzeichnet. Die wenigsten von ihnen starben lebensgesättigt, wenn dies heißen darf, dass ihnen das Leben auch seinem Sinn nach am Ende ihrer Tage gebracht hatte, was es bieten konnte. Das ist nicht zwangsläufig so. Vielleicht fehlte ihnen in der Tat hauptsächlich ein wenig Lebenszeit, wie Virginia Woolf vermutete. Die seitdem um durchschnittlich vierzig Jahre gestiegene und noch weiter steigende Lebenserwartung lässt Entwicklungsprozesse zu, die mehr Zeit beanspruchen, weil sie Umwege und Nebenwege, gar Abwege beschreiten. Wer »traurig« oder »unnatürlich«, gar »zu besonnen« beginnt, braucht Zeit, um sein Schicksal zu korrigieren – eingeprägte Verhaltensmuster fallen selten von einem ab wie »Schuppen von den Augen«. Ein Leben wie das von George Sand, das immerhin beinahe vierundsiebzig Jahre währte, zeigt, was schon im 19. Jahrhundert für eine Frau alles zu (er)leben möglich war. Mehr Lebenszeit zu haben ist ein großes Privileg für die Ausbildung der Kunst des Lebens, welche vielleicht in gar nichts anderem als darin besteht, durch Ausprobieren herauszufinden, was einem gemäß ist. »Warum kann ich nicht verschiedene Leben anprobieren wie Kleider, um zu sehen, was mir am besten steht und zu mir passt?« Diese Frage notierte Sylvia Plath in ihrem Tagebuch. Doch nach der Trennung von ihrem Dichter-Ehemann Ted Hughes, der eine andere liebte, ging sie nicht, wie angekündigt, mit ihren beiden kleinen Kindern nach London, um ein neues Leben anzufangen, sondern wählte den Tod. »Das Schlimmste, was einer Frau passieren kann, ist ihr erster Mann«, soll Colettes Mutter Sido ihrer Tochter prophezeit haben.

Das eigene Zimmer, für das Virginia Woolf im Namen ihrer Schwestern und der Kunst so vehement eintrat, ist eine existenzielle Metapher für das eigene, in eigener Regie geführte Leben. Ein solches Leben ist nicht »Aussuchen«, es besteht nicht in einem Abschreiten und Aussortieren von Optionen, sondern gleicht einem Kampf. Dass die Lebenskunst der Kunst eines Ringers ähnlicher ist als der Kunst eines Tänzers, hat bereits in der Antike Marc Aurel, der Philosoph auf dem Kaiserthron, in seinen *Wegen zu sich selbst* festgestellt. Ergebnis einer solchen Lebenskunst ist in den seltensten Fällen eine ideale, harmonische Lebensgestalt – das Leben als eine Art Kunstwerk –, sondern in der Regel ein unvollkommenes, immer wieder neu ansetzendes, bruchstückhaftes Dasein – Lebensbewältigung unter Bedingungen, die man sich nicht ausgesucht und nicht im Griff hat, die weder unbedingt zu einem passen noch sich vorhersehen lassen. Romane zeigen, wie menschliches Leben sich unter solchen Voraussetzungen führen lässt – auch deshalb ist der Roman vielleicht die von Frauen bevorzugte Literaturform.

Der Kampf um Authentizität

Im 20. Jahrhundert begannen die schreibenden Frauen sich aus der Enge der bürgerlichen Wohnzimmer zu befreien und ihre Leben mehr in der Art zu führen, wie es Virginia Woolf schon Jane Austen gegönnt hätte und wie sie es für sich selbst, unter den erschwerten Bedingungen einer psychischen Erkrankung, verwirklichen konnte. Dabei blieben diese Leben, gerade auch was das Schreiben anbelangt, vom Kampf gegen die Konventionen und für Authentizität bestimmt. Die freie Schriftstellerin – im Sinne finanzieller Selbstständigkeit sowie im Sinne jenes Satzes, der laut Oscar Wilde über dem Eingang zur neuen Welt geschrieben steht: »Sei du selbst!« –, diese ökonomisch und existenziell freie Frau, deren Schreiben in ihrem Leben verankert ist und es zugleich transzendiert, ist ein bis heute hochattraktives Modell für ein authentisches weibliches Leben.

Bislang haben wir uns vorrangig mit jenen Faktoren beschäftigt, welche die gesellschaftliche und familiäre Rolle schreibender Frauen und die sich daraus ergebenden Zwänge betrafen. Gefährlich lebt aber nicht nur, wer seine Ziele lediglich im Verborgenen erlangen kann und sich deshalb in einem unüberbrückbaren Gegensatz zur Gesellschaft seiner Zeit befindet. Gefährlich lebt auch, wer ein zerrissenes Bewusstsein hat und sich mit dieser Zerrissenheit herumschlägt. Formen eines zerrissenen Bewusstseins sind etwa jene Zustände der Verwirrung und des Schwankens zwischen Konzession und Rebellion, zwischen Willfährigkeit und Auflehnung, von denen die Romane seit Clarissas und Werthers Leiden beredtes Zeugnis ablegen. Wer sich von aufgezwungenen Bedingungen, gerade auch aufgezwungenen inneren Bedingungen, befreien will, fügt sich und seiner Umgebung unvermeidlicherweise seelische Verletzungen zu; sie sind gewissermaßen der Preis dafür, dass er an Autonomie gewinnt.

Der Kampf mit dem Engel

Virginia Woolf hielt Integrität für das Rückgrat eines Autors. Eine Schriftstellerin, die ihre Rechnungen oder Steuern nicht bezahlt, mag eine schlechte Bürgerin, kann aber eine gute Schriftstellerin sein; der Umstand allerdings, nicht zahlen zu können, kann ihren Scharfblick als Schriftstellerin trüben, etwa weil der Gram oder die Empörung über die Mittellosigkeit sie des Gefühls dafür beraubt, was richtig oder falsch ist für ihr Werk, und ihr zudem die Kraft nimmt, auf der Höhe ihrer Kunst ihre Arbeit als Schriftstellerin auszuüben. Eine Schriftstellerin, die spürt, dass ihre nächste Umgebung ihr Tun für unbillig und irrelevant hält, weil sie eine Frau ist und es für Frauen dringlichere Aufgaben gibt

Virginia Woolf (1882 – 1941), *undatierte Lithografie von Edgar Holloway, Privatbesitz*

als Bücherschreiben, trägt dadurch nicht nur Verletzungen an der eigenen Seele davon, sondern ihr Werk kann Schaden nehmen, und in der Maßlosigkeit des Werks spüren wir dann ihren Zorn, in seiner Ungenauigkeit ihre Angst und in seiner Polemik ihre Erbitterung. Integrität ist so ein anderer Name für jene Form der Lebensbewältigung, der wir in Jane Austens Romanen begegnet sind und als deren wichtigste Bestandteile uns Aufrichtigkeit, Entschlossenheit und Witz erschienen.

Integrität setzt voraus, von seinen eigenen Befindlichkeiten absehen zu können, sie nicht zum Dreh- und Angelpunkt aller Äußerungen zu machen. Auch diese Fähigkeit hat ihrerseits Voraussetzungen: materielle, soziale, psychische und mentale. Virginia Woolf ist nicht müde geworden, darauf aufmerksam zu machen, dass der dichterische Genius nicht weht, wo er will, sondern dass bestimmte, gerade auch materielle Voraussetzungen erfüllt sein müssen, um jene intellektuelle Freiheit zu befördern, aus der heraus die großen literarischen Werke geboren werden. Gerade um nicht aus Verbitterung und Empörung, sondern als freier Geist, und das meint aus einer Distanz zu sich selbst heraus, Kunst zu machen, müssen sehr konkrete Rahmenbedingungen gegeben sein, die es einem überhaupt erst ermöglichen, so etwas wie Abstand zu sich selbst herzustellen. Hungergefühle, äußerer Druck und innere Zwanghaftigkeit sind da nicht förderlich. Das Fehlen jeder Art von Notwendigkeit, welche die Willenskraft anstachelt, allerdings auch nicht. Literatur erwächst nicht nur aus dem Lustprinzip, dem behaglichen Zustand der Allmacht des Ichs.

Für diese Ambivalenz von Notwendigkeit und Freiheit in der Kreativität hat Virginia Woolf eine sehr eindringliche und beziehungsreiche Metapher gefunden: den Kampf mit dem Engel im Haus. Sie sprach davon in einem Vortrag zum

Thema »Berufe für Frauen«, den sie 1931, wenige Tage vor ihrem 49. Geburtstag, in der National Society for Women's Service in London hielt. Dabei ging es ihr um nicht weniger als die Mitteilung ihrer zentralen beruflichen Erfahrung: wie sie zum Schreiben gefunden hat, welche Hindernisse sich ihr in den Weg gestellt haben und worauf sie zurückgreifen konnte. Es fallen die Namen einiger englischer Schriftstellerinnen, darunter Jane Austen und George Eliot. Viele berühmte Frauen und ebenso viele Unbekannte und Vergessene hätten ihr den Weg gebahnt und ihre Schritte gelenkt. Als Schriftstellerin war man bereits Anfang des 20. Jahrhunderts keine Pionierin mehr. »So fand ich, als ich zu schreiben anfing, kaum wesentlich konkrete Hindernisse auf meinem Weg. Das Schreiben war eine achtbare und harmlose Beschäftigung«, zumindest für eine höhere Tochter. »Durch das Kratzen einer Feder wurde dem Familienfrieden kein Abbruch getan. Keine Ansprüche wurden an den Geldbeutel der Familie gestellt.« Im Gegenteil, mit dem Rezensieren von Büchern konnte sie sich sogar ein Taschengeld verdienen. Hatte sie überhaupt eigene Erfahrungen vorzuweisen, solche nämlich, die nicht andere vor ihr längst durchgemacht hatten, sodass sie nur noch in deren Fußstapfen zu treten brauchte?

Doch die Idylle trog. Denn kaum führte sie die Feder, erschien ein Phantom. Es störte sie, stahl ihr die Zeit, quälte sie. Virginia Woolf behauptete, sie habe alles getan, um es umzubringen. Zahllose Male habe sie ihr Tintenfass nach ihm geworfen, wenn es sich zwischen sie und das Papier drängte. Allerdings sei seine fiktive Natur ihm sehr zu Hilfe gekommen: »Es ist weit schwieriger, ein Phantom totzukriegen als eine Realität.« Immer wieder habe es sich in ihrem Bewusstsein gemeldet, wenn sie schon dachte, es sei ein für alle Mal erledigt. Schließlich sei es ihr jedoch gelungen, das Biest endgültig umzubringen. Würde sie dafür vor Gericht gestellt, sei ihre Rechtfertigung schlicht Notwehr; andernfalls hätte sie selbst daran glauben müssen. »Den Engel im Hause zu töten, das gehörte zum Geschäft der Autorin.« Schreiben und Leben, so sagt die Schriftstellerin, gleichen sich vor allem darin, dass sie ein Kampf mit Trugbildern sind, und dieser Kampf auf Leben und Tod kennt immer nur einen Sieger.

Wer ist dieser Engel im Haus? Es ist kein Mann, sondern eine Frau, durch die ein Mann spricht. Hören wir, was sie sagt. Sie sagt: Werde so wie ich – unendlich liebenswürdig, einfühlsam, vollkommen selbstlos, aufopferungsbereit, harmoniebedürftig. Alles denkbar schlechte Voraussetzungen für eine Schriftstellerin, meinte Virginia Woolf. Uns heute mag der Engel im Haus als eine Erbschaft vergangener Zeiten erscheinen, als noch Hohelieder auf die Segnungen ehelicher Liebe gesungen und Bilder tüchtiger Hausfrauen gemalt wurden, die diese Wendung im Titel trugen. In Virginia Woolfs eigenen Worten ist er das »Idealbild der Frau, das sich die Einbildungskraft von Männern und Frauen in einem bestimmten Stadium ihrer Pilgerschaft erschuf«. Noch die viktorianischen Zwänge im Blick, hat Virginia Woolf an dieser Stelle nicht darüber nachgedacht, dass der Engel, der sich zwischen Autor und Werk schiebt, auch andere Gesichter als das eines Engels im Haus annehmen kann – etwa das eines Engels der Gewalt, des Todes oder der Utopie – und dass sich nicht alle diese Engel auf gleiche Weise niederringen lassen.

Ist zumindest der Engel im Haus heute besiegt? Lassen wir die vielen Wenn und Aber, die einem einfallen, einmal beiseite und sagen Ja. Doch schon Virginia Woolf konnte und wollte sich vor nun mehr als siebzig Jahren bei diesem Etappensieg nicht aufhalten. Verhält es sich wirklich so, geht ihr Gedankengang weiter, dass die Schriftstellerin – hat sie sich erst von der Verlogenheit befreit – nur noch sie selbst zu sein braucht? »Ah, aber was ist ›sie selbst‹? Ich meine, was ist eine Frau?« Das traditionelle Bild der Frau zu überwinden ist nur der erste Meilenstein im Kampf der Schriftstellerinnen um ihre Integrität. Der zweite besteht darin, ehrlich über die eigenen Leidenschaften zu sprechen oder, in den Worten Virginia Woolfs, die Wahrheit über den Körper der Frauen zu sagen. An diesem Punkt schien ihr die Pilgerschaft von Frauen und Männern zu ihrer Zeit noch nicht angelangt zu sein. Auch in dieser Hinsicht haben wir mittlerweile, wie es scheint, Fortschritte gemacht: In den letzten siebzig Jahren hat es eine ganze Reihe weiblicher D. H. Lawrences gegeben. Es waren sogar manche darunter, die sich beim Anrennen gegen die Konventionen ihre Einbildungskraft nicht so fürchterlich demolierten wie seinerzeit der Autor von *Lady Chatterleys Liebhaber*.

Bleibt ein Problem, das Virginia Woolf nur indirekt anspricht. Um es in einem altmodischen Bild zu sagen: Männer, die schreiben, haben Musen, in aller Regel Frauen, die ihnen als Inspirationsquelle dienen. Wer aber sind die Musen der Schriftstellerinnen? Männer? Und gibt es schon bzw. gibt es überhaupt Männer, die bereit und in der Lage sind, diese für die Zukunft der Literatur womöglich außerordentlich wichtige Rolle zu übernehmen? Die Zukunft der Romankunst, meinte Virginia Woolf jedenfalls, hänge sehr stark davon ab, »in welchem Ausmaß es den Männern beizubringen sei, die freie Rede von Frauen zu ertragen«. Und auch auf die Frage, was das dann wohl für Männer sein würden, hatte sie eine Antwort: »Männer, mit denen eine Frau ohne alle Furcht in vollkommener Freiheit leben kann.«

Register

Bildnachweis

Cover: Peggy Guggenheim in den 1950er-Jahren in Venedig, Foto: Archivio Cameraphoto Epoche, Venedig

Agence Nina Beskow: Seite 1 (Gisèle Freund)
Agentur Bilderberg, Hamburg: 70, 86
Archiv für Kunst und Geschichte, Berlin: 21 links, 60, 62, 77, 104 (Doris Poklekowski)
Bibliothèque Nationale de France, Paris: 109
The Bridgeman Art Library, Berlin: 30, 34, 42, 54, 125, 137
The British Library, London: 8
Corbis, Düsseldorf: 92, Umschlagrückseite Mitte
Deutsches Literaturarchiv Marbach: 21 rechts
Atelier Robert Doisneau: 90
Harvard Theatre Collection, Cambridge, Massachusett: 12
Picture Press, Hamburg: 84 (Yousuf Karsh)
picture-alliance, Frankfurt am Main: 26, 28, 36, 38, 40, 48, 50, 58, 66, 68, 76, 80, 82, 98, 100 (Horst Tappe), 106 (Lehtikuva Oy Gustafsson), 116
State Library of NSW, Sydney: 56
ullstein bild, Berlin: 46, 64, 74, 88 (Albert Harlingue), 96 (Ingrid von Kruse), 102 (P. Piel), Umschlagrückseite links, Umschlagrückseite rechts (Ingrid von Kruse)